지속 가능한 미래

지속 가능한 미래

세계적인 석학에게 인류의 마지막 대안을 묻다

김우창

뚜웨이밍

메리 에블린 터커

슬라보예 지젝

쑨거

어빈 라슬로

21세기북스

지난해는 그 어느 때보다 격동과 이변이 많은 한 해였습니다. 인간과 인공지능의 세기적 대결, 영국의 유럽연합 탈퇴, 난민과 지역분쟁, 기후 변화 등의 문제로 전 세계가 일렁였습니다. 이에 재단법인 플라톤 아카데미는 문명사적 전환을 요구하는 현안들을 바라보며 지금이야말로 인류 문명에 대한 중요한 질문을 던져야 할 때라고 생각했습니다.

"현재 우리는 어떤 시대에 살고 있고, 우리의 문명은 어디로 향하고 있는가?"

이러한 문제의식을 기반으로 역사, 과학, 정치, 종교, 생태 등을 아우르는 다각적 관점에서 인류 문명과 아시아의 미래를 조망하는 문명전환 강좌 시리즈를 기획했습니다. 경희대학교와 플라톤 아카데미가 함께 준비한 이번 강좌에서는 국제적 차원에서 공유하고 있는 위기의 문제가 우리가 살고 있는 아시아의 미래와 어떻게 연관되는지 생각해보고, 보다 지속 가능한 문명으로 전환할 수 있는 계기를 마련하고자 했습니다.

이를 위해 유발 노아 하라리, 슬라보예 지젝, 메리 에블린 터커, 어빈 라슬로, 뚜웨이밍, 쑨거, 김우창 교수 등 세계적인 석학들이 한자리에 모여 현대 문명에 대한 근본적인 질문을 던지고, 미래를 위한 사유와 실천의 세계를 열어주었습니다.

인류의 미래를 논하는 학자들의 관점은 과연 날카로우면서도 따뜻했습니다. "인류에게 과연 미래는 있는가?"라는 더없이 예리한 질문을 던지면서도, 미래를 꿈꾸는 시선에서는 우리 인간과 문명에 대한 따뜻한 희망이 담겨 있었습니다.

이 자리를 빌려 시간과 지혜를 나누어주신 모든 강연자분들께 찬사와 감사를 드립니다.

물론 더 큰 찬사와 감사는 경희대학교 강당을 열기로 채워주신 청중분들께 드리고자 합니다. 방송 촬영과 함께 진행된 강연이라 불편함이 많았음에도 불구하고 너그러이 이해해주시고 협조해주셨습니다.

방송을 통해 강연자분들의 지혜를 온 국민과 함께 나눌 수 있도록 도와주신 SBS CNBC 관계자분들과 적지 않은 지면을 할애하며 매 회 강연을 소개해주신 중앙일보 관계자분들께도 감사를 드립니다. 또한 꾸준히 플라톤 아카데미 총서를 발간해주시는 21세기북스 임직원 여러분께도 감사를 드리지 않을 수 없습니다. 이처럼 방송, 언론, 출판, 대학 관계자분들이 온 마음을 정성스레 모아 주셨기에 많은 분들과 함께 지금 우리가 서 있는 자리와 앞으로 가야 할 길에 대해 생각해볼 수 있었습니다.

물질주의 이데올로기로 인해 초래된 문명 대전환기, 위기와 기회가 공존하는 이 시대에, 인문학적 성찰을 통해 작금의 현실을 되돌아보고 보다 나은 세계를 그려보는 일은 오늘날 우리 모두에게 절실한 일입니다. 강연에서 나누었던 치열한 질문과 통찰이, 이 책을 통해 더 많은 분들과 만날 수 있기를 바랍니다.

2017년 9월

재단법인 플라톤 아카데미 총서 편집국

1부 사상, 아시아를 넘다

1. 삶을 존중하는 이성적 사고에 대하여
_ 김우창

2.　기독교와 유교로 본 우주, 지구, 인간의 하나 됨

_ 메리 에블린 터커

3.　유교, 미래를 위한 새로운 인간학

_ 뚜웨이밍

2부 시선, 세계를 연결하다

1. 세계의 진실과 새로운 시대를 위한 질서
_ 슬라보예 지젝

2. 우리, 지구 우주선의 탑승자들
_ 어빈 라슬로

3. 보편성을 다시 생각하다
_ 쑨거

사상, 아시아를 넘다

1부

1. 삶을 존중하는 이성적 사고에 대하여

_ 김우창

문학평론가이자 고려대학교 명예교수다. 서울대학교 및 미국 코넬대학교에서 영문학 학사 및 석사, 하버드대학교에서 미국문명사 박사학위를 받았다. 고려대학교 영문학과 교수, 이화여자대학교 학술원 석좌교수, 《세계의 문학》 책임편집, 《비평》 편집인, 2004년 프랑크푸르트 국제도서전 주빈국 조직위원장, 2005년 서울국제문학포럼 조직위원장을 역임했다. 인문, 사회, 자연과학을 아우르는 통합적 이해, 가늠하기 어려운 사상의 넓이와 깊이로 한국 인문학의 거인으로 불린다. 저서로는 『궁핍한 시대의 시인』, 『지상의 척도』, 『심미적 이성의 탐구』, 『깊은 마음의 생태학』 등이 있고, 『나 후안 데 파레하』, 『미메시스』, 『가을에 부쳐』 등을 번역했다.

요즘, 저뿐만 아니라 여러분들 마음에도 무언가 우리의 갈 길이 조금은 분명해져야 한다는 생각이 일어나고 있으리라 생각합니다. 우리 사회가 지금 경제적으로나 정치적으로 매우 발전했음에도 불구하고 여러 가지 문제점을 안고 있다는 것은 모두가 잘 알고 있는 현실입니다.

어지러운 사건들이 많이 일어나는 것은, 다른 이유도 많겠지만 사회에 분명한 지표가 없다는 것 또한 큰 이유 중 하나라고 생각합니다.

공권력은 간단히 말해 국민의 삶을 위해 국가에 주어진 권력 체제입니다. 또 권력 체제는 반드시 권력 투쟁을 가져오기 마련입니다.

그래서 권력을 쥐면 투쟁을 위해 얻은 힘을 마음대로 사용해도 된다고 생각하기 쉽습니다. 그러나 결코 그러한 것이 공권력의 의미는 아니라는 것을 요즘 들어 절실하게 깨닫습니다. 권력의 사유화 문제로 다시금 공권력의 의미에 대해 생각해보게 됩니다. 공권력이라는 것은 사실 권력자의 권력을 강화하기보다는 그에 따른 희생을 더 많이 요구합니다.

최근 세계적으로 여러 가지 변화가 많습니다. 그중 하나가 2016년 12월 5일, 임기 1년을 앞두고 돌연 사임한 뉴질랜드 총리 존 키 John Key 의 이야기입니다. 8년간 뉴질랜드의 총리로 지낸 그가 사임 발표 기자회견에서 이러한 이야기를 했습니다.

"아내를 너무나 외롭게 했다."

가족과의 시간을 더 많이 갖고 싶다는 이야기였습니다.

사임을 결정하기에는 적합하지 않은 이유라고 생각할 수도 있습니다. 하지만 가족이 인간의 삶에서 얼마나 중요한지를 생각해본다면, 이렇게 가족과 함께하는 시간마저도 희생해야 하는 것이 권력자의 삶이라는 사실을 배우게 됩니다. 그래서 공권력이 단지 권력을 사유화하는 것이 아니라 자신의 삶을 희생해야 하는 엄숙한 자리라는 사실이 조금 더 분명해져야 한다고 생각합니다.

윤리적 지표가 사라진 사회

권력의 사유화 현상이 나타나는 이유는 무엇일까요? 우리 사회에 분명한 지표가 없기 때문입니다. 그래서 우리 사회의 분명한 지표를 세우기 위해 필요한 방침에 대해 이야기해보도록 하겠습니다.

지표를 만들고, 사회제도를 분명히 하고, 또 사람이 살아가는 데 필요한 물질적인 자원을 확보하는 데 핵심은 인간 이성입니다. 요즘 시대에는 많은 것을 알고, 많은 정보를 모으는 것을 중요시하는 일이 일반화되어 있습니다. 그러나 그것이 곧 이성에 일치하는 것은 아닙니다.

예를 들어 국가의 정보활동에 관한 기본 정책을 수립하고 집행하는 대통령 직속의 국가 최고 정보기관인 국가정보원이 있습니다. 그런데 이 기관에서 수집한 '정보'는 개개인의 인생을 보다 인간답게 살게 하기 위한 것이 아닙니다. 많은 정보를 바탕으로 그 중심에 앉아서 자신들의 목적이 되는 일에 그 정보들을 사용하는 것이지, 그것으로 인간의 삶을 개선하고 더 좋은 사람이 되게 하겠다는 것이 목적이 아니라는 이야기입니다.

이러한 일에도 사고의 작용은 들어 있습니다. 자기 마음속에 있는 목적과 정보를 조정하는 일이 필요하다는 것은 사고한다는 것을 말합니다. 그러나 그것은 참으로 반성적인 사고는 아닙니다. 자신의 목적, 더 나아가 그 목적을 구성하는 원인, 그리고 그것을 생각하는 사고의 근본에 반성이 개입하지 않는다는 말입니다.

얼마 전에 한 미국 잡지를 보니 세계 종말의 대혼란을 뜻하는 '아마겟돈armageddon'과 '정보 데이터'를 합성해 만든 '데이터겟돈datageddon'이라는 용어가 있었습니다. 이 말은 무한한 데이터가 혼란을 불러일으키는 상황을 뜻하기 위해 만들어낸 용어입니다.

이는 정보가 많다고 해서 무조건 좋은 것은 아니며, 정보의 흡수보다 정보의 제한이 더 필요하다는 것을 시사합니다. 이러한 점은 개인적으로나 국가적으로나 마찬가지라고 하겠습니다. (물론 이러한 제한은 외면적으로 부과되는 것이 아니라 이성의 본래적인 기능 속에서 생겨납니다.)

이성은 정보를 소화하는 능력인 동시에 총체적인 사고 속에서 문제를 생각하는 능력입니다. 그래서 여기서 이성이란 것이 무엇인가에 대해 이야기해보려고 합니다.

학문은 어떤 주어진 사항을 그 이치에 따라 이해하고자 하는 노력입니다. 분과된 학문에서는 특정한 사항과 그것이 구성하는 영역에 고유한 이성이 작용합니다. 그러나 다른 한편으로 그 이성은 보다 넓은 이성과의 관련, 그리고 보다 넓은 인간적 관련을 의식하려는 시도에 이어져 있습니다.

이보다 넓은 이성, 달리 말해 ─ 그것은 이성 그 자체에 대한 이성적 반성을 포함하는 까닭에 ─ 반성적 이성을 다시 한번 생각해보라는 것이 우리의 첫 번째 이야기가 될 것입니다. 다시 말해 고유한 영역의 이성인 학문 안에 작용하지만, 그러한 앎으로써 그치는 것이 아니라 그것이 보다 넓은 인간적인 이성과 어떻게 연결되어야 하는가를 생각해보자는 뜻입니다.

위에서 사회적 지표의 문제에 대해 말했습니다. 거기에도 핵심에 이성이 작용합니다. 사회적 의미를 갖는 이성은 무엇일까요?

그것은 전제 없는 반성적 이성보다는 제한된 것이면서도 인간의 사회적 삶을 구성하는 인식의 지평 전체를 전제한다고 할 수 있습니다. 삶 전체에 대한 인식, 그리고 삶의 인식의 전체적 지평과 전제 없는 반성적 지평은 거의 중복되는 것일 수 있습니다.

그렇다는 것은 이해관계나 사심 없는 학문적 연구도 삶의 필요에 의한 어떤 전제에서 나오는 것일 수 있다는 의미입니다. 이것을 의식화하는 것이 필요합니다. 물론 이 관계는 너무 어려운 해석을 필요로 하기 때문에, 그러한 매듭을 의식하면서도 그것을 여기에서 완전히 풀어볼 수는 없을 것입니다. 그러나 그것에 대해 조금이라도 생각해보는 것은 불가피한 일입니다.

넓은 의미에 있어서의 이성은 무엇보다도 인문과학에서 중요합니다. 여기에서 인문과학이라고 하는 것은 삶의 전체적 이해와 순수한 반성적 이성을 모두 포괄하는 학문이라고 하겠습니다. 그런데 여기서 인문학이 아니라 인문과학이라는 말을 사용하는 것은 인문학도 과학적, 이성적, 합리적으로 접근해야 하는 학문이라는 뜻에서입니다. 그것은 삶의 철학이면서 동시에 그것을 넘어서는 사물 전체에 대한 반성적 이해를 목표로 합니다. 그 점에서 그것은 과학적 연구와도 밀접한 연관관계에 있습니다.

그리고 인문과학이 중요한 이유는 다른 학문에 비해 적어도 삶의 이해 전체, 역사적으로 발전되어 온 문화 전체에 대한 반성적 검토를 목표로 하는 학문이기 때문입니다. 그리고 인간의 개인적인 삶에서도 어떤 특정한 목적보다는 전체를 살피는 것이 인문과학이 하는 일입니다.

인문과학은 우리가 하고 있는 일이 무엇인가, 우리가 이성을 통해 모으고 있는 지식이나 학문은 무엇인가를 생각하고, 또한 내가 하고 있는 이성적 반성은 무엇인가에 대해 스스로에게 끊임없이 질문하는 학문입니다. 그러한 의미에서 인문과학은 반성적 학문입니다. 반성은 한없이 계속될 수밖에 없고, 그렇게 반성하는 사이 우리는 이 반성의 끝에 무엇이 있을지에 대해 생각하게 됩니다. 그 끝은 저마다의 관점에 따라 다르면서 또 같을 것입니다. 같다는 것은 그것이 존재 자체를 향한다는 말입니다.

혼란의 시대에 철학적 이성을 논하다

이러한 관련들을 생각하면서, 근대 철학의 창시자인 데카르트를 통해 인문과학은 물론 과학에서도 중요한 이성의 작용에 대해 생각해보는 시간을 가져볼까 합니다.

철학자라고 하면 흔히 떠올리는 이미지는 상아탑의 학자 또는 대학에서 강의를 하는 사람들입니다. 그러나 데카르트는 꼭 그러한 사람이라고 할 수만은 없습니다. 데카르트의 자전적 철학서인 『방법서설方法敍說』을 보면, 그가 반드시 철학적인 문제만이 아니라 인생의 문제를 해결하기 위해 끊임없이 고민했고, 그것을 위해 현실 체험을 쌓고자 했던 사람이라는 것을 알 수 있습니다. 『방법서설』의 첫머리에 보면, "올바른 판단력bon sens은 이 세상에서 가장 공평하게 분배되어 있는 것이다"라는 말이 있습니다. 조금 더 인용해보겠습니다.

> 그리하여 누구나 자신이 그것을 충분히 가지고 있다고 생각하기 때문에, 다른 많은 일에서는 아무리 해도 만족하지 않는 사람도, 자신이 이 판단력을 더 필요로 한다고 생각하지는 않는다. 이렇게 생각하는 것이 잘못되었다고 할 수는 없다. 이것은 바른 판단을 하고 참과 잘못된 것을 가리는 능력, 바른 판단의 힘le bon sense 또는 이성la raison이 원래부터 모든 사람의 마음에 균등하게 존재한다는 증거라고 할 수 있다. 그러므로 우리 의견들이 서로 다른 것은 어떤 사람이 다른 사람보다 더 이성적이기 때문이 아니라 우리 생각이 일정한 통로를 경유하게 되고 사람들이 같은 대상을 생각하는 것이 아니기 때문이라고 할 수 있다. 그리

하여 좋은 정신력만으로는 불충하다는 결과가 나온다. 중요한 것은 그것을 잘 사용하는 것이다. 커다란 정신력은 거대한 덕성 못지않게 거대한 악덕을 가질 수 있다. 서서히 움직이는 사람은, 바른 길을 따라가는 한, 그러한 길을 버리고 달려가는 사람보다 는 빨리 나아가게 된다.

『방법서설』의 서문 중 일부입니다. 많은 것을 좇는 것보다는 바른 길을 찾고 서서히 움직이는 것이 제일 좋다는 말입니다. 그렇 다고 생각만 하라는 것은 아닙니다.

이 책은 다시 말해 진리에 도달하기 위한 안내문이자 데카르 트의 철학적 여정을 담은 저서로서, 근대 철학의 서문을 연 첫 작 품이라고 할 수 있습니다. 그러나 그것은 책만을 들여다보라는 말 을 담고 있는 것은 아닙니다. 데카르트가 현실의 삶 전체에 대한 관심을 가지고 있었다는 것은 그가 한 일들을 통해서도 잘 알 수 있습니다.

데카르트는 생의 마지막 1년을 스웨덴으로 가서 지냈습니다. 그리고 스웨덴에 머물며 크리스티나 여왕의 정치 자문이자 스승으 로 활동했습니다. 크리스티나 여왕이 철학에 관심이 많아서였기도 했지만 어떻게 하면 지혜로운 통치자가 될 수 있을까 하는 그녀의 고민에서 비롯한 일이기도 했습니다. 여왕에게 데카르트는 이렇게 이야기합니다.

하느님은 그가 창조한 피조물과 비교할 수도 없을 정도로 완전한 존재입니다. 좋은 군주가 되려면 하느님을 따라야 합니다.

철학뿐 아니라 실제 통치에 대한 방법을 가장 넓은 관점에서 제시한 것입니다. 데카르트가 이렇게 이야기한 것은 그가 철학자라기보다 다양한 학문의 융합을 통해 진리를 탐구한 학자였기 때문입니다.

이것은 우리나라의 경우에도 마찬가지였습니다. 가령 유교 경전인 『대학大學』에 보면 "수신제가치국평천하修身齊家治國平天下"라는 말이 있습니다. 몸을 닦고, 집을 정제하고, 그다음에 나라를 다스리고 천하를 평정한다는 뜻입니다. 즉 훌륭한 통치자가 되기 위해서는 자기수양의 과정을 거쳐야 한다는 이야기입니다.

그러나 이것은 거꾸로 천하를 알아야 수신할 수 있다는 말이 되기도 합니다. 나라를 다스리고 천하를 평정하면 자연스레 수신이 되는 것으로 착각하는 것입니다. 그래서 조선조에 유교학자들이 쓴 글을 보면 저 시골의 초가삼간에 살면서도 어떻게 수양을 해야 한다는 이야기보다는, 어떻게 나라를 다스려야 한다는 것에 대한 이야기가 훨씬 더 많습니다. 오늘날도 마찬가지입니다.

그래서 저는 더러 이야기합니다. 우리나라처럼 대통령감이 많은 나라도 없다고 말입니다. '수신제가평천하'가 아니라 '평천하제가수신'이라고 거꾸로 생각하기 때문입니다. 마치 정치에 관심이 많으면 자신이 위대한 사람이 된 것처럼 생각하고 자신을 돌보는 일을 등한시하는 경우가 많습니다. 그러나 올바른 세상을 만들기 위해서는 '나'를 먼저 돌보아야 합니다.

이렇게 유럽이든 우리나라든 동서양을 막론하고 모두 훌륭한 통치자가 되기 위한 공통의 고민을 가지고 있었습니다. 데카르트에게도 '수신제가평천하'에서 보는 것과 같은 여러 항목에 대한 철학적 고민이 있었습니다. 다만 그 순서가 조금 달랐습니다.

먼저 그는 경험을 통해 세상을 알고자 했습니다. 그러나 그 경험의 세계는 비판적으로 평가되어야 합니다. 이 경험의 세계를 어떻게 보아야 할 것인가, 세상을 어떻게 보아야 할 것인가, 그리고 그것에 필요한 기준이 무엇인가 하는 것들을 생각하는 것입니다.

그다음은 자신의 마음으로 들어가 반성과 성찰의 시간을 갖는 것입니다. 그러한 고민을 통해 발견하는 것이 바로 이성적 원리입니다.

그런데 이 이성적 원리를 정말로 믿을 수 있을까요? 그렇다고 말하기는 어렵습니다. 그렇기 때문에 데카르트는 결국 영혼불멸, 절대적인 진리의 근원에 있는 하느님 등의 이야기를 하게 됩니다. 그러면서 "우리 마음에 들어 있는 옳은 생각은 하늘에서 내려준 것이다. 그것을 가지고 있는 것은 우리의 영혼이다"라고 이야기합니다. 이것은 계시를 말하는 것 같으면서도, 마음속에 이는 확신이라고 할 수 있습니다. (그러니까 회의는 늘 따라다닐 수밖에 없습니다. 그러나 불확실한 대로 그 마음을 조심스럽게 다짐할 수밖에 없습니다.)

이와 유사한 내용은 『대학』에도 담겨 있습니다. 진리를 추구하는 성실한 마음이 있어야 진리가 보장된다는 이야기입니다. 독일의 철학자 하이데거도 이러한 이야기를 한 적이 있습니다. 그는 물어본다는 것은 사고의 경건성을 나타낸다고 이야기합니다. 조금 어려운 이야기입니다만, 간단히 말해 사고한다는 것은 마음을 경건하게 하는 것이라는 뜻입니다. 경건하다는 것은 무언가를 존중한다는 이야기입니다.

조선조의 이념에서 경건이라는 것은 매우 중요한 개념이었습니다. 그러니까 무언가를 존경한다는 것은 임금님을 존경한다는 의미도 있지만 자신이 생각하는 그 사고의 대상을 존중한다는 것입니다. 모든 사물에 대해 경건한 마음, 존중하는 마음을 가져야 한다는 뜻에서 하이데거도 사고의 경건성을 이야기한 것입니다.

그런데 사실 데카르트는 단지 우리의 사고만이 아니라 삶을 대하는 우리의 태도에 대해서도 이야기합니다. 그리고 조금 다른 이야기일 수 있지만 감정을 존중하는 것도 여기에 포함됩니다. 데카르트의 마지막 작품인 『정념론 Les Passions de L'âme』*을 보면, 나의 감정뿐 아니라 타인의 감정을 어떻게 존중해야 하는지에 대해서도 이야기하고 있습니다.

가령 누군가 나에게 거만하게 행동한다면 어떻게 해야 할까요? 거만함 또한 그 사람에게 필요한 감정 표현이기에 그것 또한 존중해야 한다고 이야기합니다. 그래서 이 '정념론'을 순전히 이성과 다른 감정에 관한 논의라고 해석하고는 하는데, 실제로는 경건한 마음과 존경하는 마음 등이 우리에게 삶의 방향을 제시한다고 할 수 있습니다.

그러니까 이성적 사고란 단지 정보를 많이 모은다는 의미가 아닙니다. 우리의 마음을 신중하게 하고 대상에 대한 존중의 마음

---

* 이성, 사유, 인식과 같은 정신적 원리를 탐구했던 데카르트가 인간의 감정을 논한 작품으로 1649년에 출간된 마지막 작품이다.

을 갖는 것입니다. 또 '늘 성실하게 주의를 기울여야 한다'는 의미로 해석할 수도 있습니다. 사물을 대함에도 그렇습니다.

데카르트의 생각과 유사하게 동양에서도 사물을 대하는 태도를 다룬 사상이 있습니다. 바로 『대학』에 나오는 '격물치지 格物致知'입니다. 모든 사물의 이치를 끝까지 파고 들어가면 앎에 이른다는 뜻입니다. 많은 사람들이 '격물치지'를 윤리적인 원리를 이해하는 것으로 해석하지만 그보다는 물리적인 세계 자체를 이해하는 것도 결국 윤리적인 행동의 일부라고 생각할 수 있지 않을까 합니다.

분명하고 확실한 앎

다시 말해 철학적 연구는 물질의 세계를 제대로 이해하려는 것이며, 동시에 사회를 제대로 이해하려는 것이고, 또한 자기 자신을 제대로 이해하려는 것입니다. 그리고 자기 자신을 올바르게 이해한다는 것은 나 스스로가 이성적 존재임을 이해하는 것입니다.

그래서 데카르트의 『방법서설』은 합리적 방법을 깨닫는 경위에 대한 여러 가지 설명을 담고 있으며, 그렇게 해서 확실한 지식에 이르고자 합니다. 여기서 확실한 지식이란 데카르트의 표현대로 "분명하고 확실한 앎"입니다. 그는 그것에 비춰 자신이 학교와 책을 통해 배운 모든 지식을 비판적으로 바라보며 새로운 지혜를 얻고자 했습니다.

그래서 결국 데카르트는 일생을 통해 학문에 대한 추구를 버리지 않으면서도 그에 못지않게 세상에 대한 견문을 넓히는 것 또한 중시했습니다. 청년 데카르트는 사변적인 것보다 "세상이라는 위대한 책"에 관심을 갖습니다. 세상에서는 실패할 경우 상처와 좌절 등 값비싼 수업료를 치러야 합니다. 그러나 책을 보면서 이론적인 것을 공부하다가 실수를 한다고 해서 손해를 보거나 상처를 입지는 않습니다. 그렇기 때문에 세상에서는 더욱 엄숙하고 신중하게 지식을 배울 수 있습니다.

그런데 데카르트의 철학서에는 꿈에 대한 이야기도 등장합니다. 그는 철학자가 되겠다는 결심을 하기 전에 여러 가지 꿈을 꾸는데, 이 꿈이라는 것도 인생에서 중요하다는 이야기입니다. 데카르트의 유명한 말 중 하나가 "나는 생각한다. 그러므로 나는 존재한다"입니다. 여기에 대해서 한 데카르트 해설자는 "나는 꿈을 꾼다. 그러므로 나는 존재한다"라고 해석하기도 했습니다.

데카르트가 꾼 여러 가지 꿈 중에는 누군가 자기에게 책을 전해준 꿈도 있습니다. 책을 열어보니 라틴어로 쓰인 글이 담겨 있었고, 그중 "나는 인생의 어떤 길을 선택해야 하는가?"라는 문장이

눈에 들어왔다고 합니다. 이 일화를 통해 데카르트가 철학적 반성과 사고의 과정 속에서 얼마나 고뇌했는지를 짐작할 수 있습니다. 그래서 단지 우리가 생각만으로 살아가는 것이 아니라 꿈을 통해서도 깨닫는 것이 많다는 것을 알 수 있습니다.

오랜 고민의 시간을 거쳐 데카르트는 철학자가 되기로 결심합니다. 어쩌면 고등법원의 평정관이었던 아버지 덕에 먹고살 만했기에 가능한 일이었을 것입니다. 데카르트는 어떻게 하면 인생을 제대로 살 것인가, 어떻게 하면 세상을 제대로 이해할 것인가에 대해 늘 생각했습니다.

철학을 하겠다고 결심한 뒤 데카르트는 9년 동안 방랑의 세월을 보냅니다. 도시에서의 삶, 네덜란드로의 이민, 독일에서의 군 입대 등을 통해 그는 여러 세상을 경험합니다. 그리고 그는 스웨덴 여왕의 스승으로서의 삶을 끝으로 생을 마감합니다.

데카르트가 이러한 자기 신념을 쌓게 된 결정적 계기는 군인으로 참전한 경험 때문입니다. 그는 징집이 아니라 자원입대로 2년 이상 군대에서 복무했습니다. 현실적인 환경에서 인생을 배우고 싶었던 철학자의 적극적인 도전이었습니다. 이러한 다양한 경험을 통해 데카르트는 인생을 배우게 됩니다.

데카르트는 자신의 길을 다른 경솔한 사람들이 택하는 길과 구분하고, 또 하나의 방법으로 자신이 취하는 길은 자신의 생각을 개선하고 그 생각을 자신만의 기초 위에 세우는 것이라고 말했습니다.

그것은 자신을 위한 선택일 뿐이다.

이 글은 데카르트의 글에서 계속해서 강조되는 문장입니다. 모든 선택은 다른 사람을 위한 것이 아니라 나 자신을 위한 것이라는 이야기입니다.

데카르트가 자기 자신을 강조한 이유는 내가 가야 할 길에 대한 깊은 고뇌 때문이기도 하고, 누군가를 가르치는 것은 오만이라고 생각했기 때문이기도 합니다.

그는 세상의 방랑 끝에 "우리가 야만인이라 생각하는 이들도 그 나름의 문명인이다"라는 가르침을 얻었습니다. 그는 서로 다른 문화와 생각을 존중했고, 시대를 초월한 보편적인 사상을 가지고 있었습니다. 다시 말해 이성의 추구를 통해 보편적 인간관을 깨우친 것입니다.

데카르트는 이성을 추구하면서도 실용주의자였다고 말할 수 있습니다. 그는 모든 것에서 신중함의 중요성을 강조했습니다. 생각을 철저하게 해서 정말로 분명한 것이 무엇인지를 알아야 하지만 그 "생각이 분명해질 때까지는 잠정적인 도덕규범을 가져야 한다"고 이야기합니다. 또한 말보다는 행동의 중요성에 대해서도 강조했습니다.

데카르트는 계속적으로 공부하면서 자신의 지식이 타인에게 미칠 영향에 대해서도 깊이 고민했습니다. 9년 동안의 방랑 이후 그는 사색과 글쓰기를 이어갔습니다. 그러면서도 그는 살아생전에 자신의 글이 출판되는 것을 원하지 않았습니다. 명성과 부귀영화에 대한 집착이 없었던 것입니다.

그럼에도 그가 꾸준히 글을 쓴 이유 중 하나는 독자를 염두에 두고 글을 쓰면 글의 요지가 분명해지기 때문이고, 또 하나는 누군가가 자신의 글을 기대하고 있다는 생각 때문에 그것을 저버릴 수 없어서였습니다.

그리고 그는 글을 쓰는 윤리에 대해서도 여러 가지 이야기를 합니다. 그는 글을 쓰는 데 가장 중요한 것은 인류의 공동선에 기여하는 것이라고 생각했습니다. 그는 여러 사람들이 분명하게 살아가는 데 도움을 주기 위해 글을 쓴다는 강한 사명감을 가지고 있었습니다.

데카르트의 글에는 글을 쓰고 생각하는 것은 "개인이 하는 것이다"라는 이야기가 매우 강조되어 있습니다. 그러니까 나의 생각과 의견을 표현하는 글은 그 누구도 대신 써줄 수 없다는 것입니다. 가령 1에서부터 10까지의 총합은 55입니다. 다른 사람을 신뢰해서 그 답을 받아들일 수도 있지만 실제 내가 해보지 않고서는 확인할 수 없는 사실입니다.

물론 타인의 의견에 귀를 기울일 필요는 있습니다. 그렇더라도 생각의 주체는 어디까지나 나 자신이어야 한다는 사실입니다. 그러니까 나의 사고를 가지고 다른 사람에게 공헌하는 것이 중요하다는 이야기입니다.

본질로의 회귀 - 플라톤과 하이데거

이번에는 고대 그리스의 철학자이자 객관적 관념론의 창시자인 플라톤에 대해 이야기해보겠습니다. 여러분도 잘 아시다시피 플라톤의 대표적인 개념 하나는 이데아idea*입니다. 우리가 어떤 것을 아는 것은 이데아가 있기에 가능하며, 세계는 이데아로 이루어져 있

---

* 감각을 통해 알 수 있는 형상이 아닌 언제나 한결 같은 상태로 있는 사물의 본모습을 말한다.

다는 것이 바로 플라톤의 생각입니다.

가령 우리가 저것은 '말'이다 혹은 저것은 '참새'다라고 할 때, 말 또는 새라는 개념이 우리의 머릿속에 있기 때문에 그것을 말 또는 새라고 안다는 것입니다. 플라톤은 이것을 확대해서 이데아로 이루어진 세계가 있다고 생각했습니다. 그러니까 우리의 확신이라는 것이 논리적으로 정당할 뿐만 아니라 어떤 세계가 분명하게 있다는 느낌에서 온다는 것을 말한 것입니다.

그러나 모든 것을 추상적인 개념만으로 알 수 있을까요? 하이데거는 『플라톤의 진리론 Platons Lehre von der Wahrheit』을 통해 플라톤의 이와 같은 이데아 이론을 비판했습니다. 그는 "이데아보다 중요한 것은 우리가 직접적으로 느끼는 존재다"라고 이야기합니다. 개념을 중시해서 마치 그것을 익히는 것이 철학인 양 착각하게 되고, 그러한 것들이 교육의 전부라고 오해하게 되어 결국 플라톤의 이데아는 파이데이아 paideia (교육)를 잘못 생각하게 했다는 것입니다.

하이데거는 이데아는 진리를 볼 수 있는 수단이며, 직접적인 세계를 알 수는 없지만 그 세계를 눈에 보이게 하는 매개체라고 강조하면서 그것을 절대화하는 플라톤의 생각이 옳지만은 않다고 이야기합니다. 진리라는 것은 감춰져 있던 것이 드러나는 것이고, 그

드러남은 끊임없이 일어나는 것이기 때문에 개념(이데아)으로 고정될 수 없다는 이야기입니다.

하이데거는 개념적으로 사물을 대하는 현대 사상을 비판합니다. 개념을 중시하다 보면 개념은 있는 그대로의 존재를 대신하게 되고, 그것을 적절하게 조정하면 세상을 기술적으로 조정하게 됩니다. 하이데거는 『플라톤의 진리론』을 통해 '기술에 대한 물음'을 던집니다.

하이데거가 정의한 기술은 이렇습니다. 기술이란 인간이 자연을 자원으로 이용할 수 있다는 관점에서 접근한 것이라는 이야기입니다. 그래서 실제 자연이 무엇이고 세상에 존재한다는 것이 무엇인지에 대한 아무 느낌도 없이 자연을 대하는 것이 오늘의 기술 문명의 시대라는 것입니다.

이 기술 문명의 시대에는 그것을 결정하는 어떤 틀이 있는데, 그것을 독일어로 게슈텔Gestell˙이라고 표현합니다. 어떤 장소를 정해놓고 '넌 여기 앉아 있어' 하는 것이 기술이라는 것입니다. 이 기술 문명사회에서는 자연과 인간과 사회를 모두 명령에 따라 움

˙ 자연을 일종의 부품으로 인식해 인간의 마음대로 움직이려는 방식을 말한다.

직이는 대상으로 생각합니다. 그러나 하이데거는 이것은 인생과 세계 그리고 존재를 잘못 파악한 것이라고 지적합니다.

독일 사람들은 라인 강을 매우 중요하게 여기는데 하이데거에 따르면, 라인 강을 보는 데는 세 가지 접근 방법이 있습니다. 하나는 수력 에너지로서의 라인 강이고, 또 하나는 관광 상품으로서의 라인 강입니다. 그리고 마지막 하나는 신성한 자연의 일부로서의 라인 강입니다.

여기서 하이데거가 강조한 것은 라인 강을 자연의 신성한 일부로 보는 것입니다. 동시에 사람도 그렇게 자연의 신성한 일부로 보아야 한다고 하이데거는 이야기합니다.

그의 글 중에 "자연을 자원으로 보니 인간을 인적 자원으로 본다"는 내용이 있습니다. 이 말이 아주 흥미로운 것이, 2001년에 우리나라에 교육인적자원부가 만들어졌는데 이는 19세기부터 이미 독일에서 사용된 용어입니다. 19세기에 기술 문명이 발전하면서 사람을 자원으로 인식했던 것입니다. 또 1, 2차 세계대전을 수행하면서 인간을 전쟁에서 이기기 위한 군수 자원으로 표현했습니다. 서양의 기술 문명이 만들어낸 용어를 21세기에 우리나라에서 수용한 것입니다. 이 용어를 수용했다는 것은 동시에 실제로 인간을 그렇게 인식한다는 뜻이기도 합니다.

공부를 하는 것 역시 그것의 본질은 잃어버린 채 성공을 위한 수단으로 사용하고 있습니다. 지적 능력도 소비할 수 있는 자원이라고 생각하는 것입니다.

하이데거의 이러한 관점에서 볼 때 모든 자연물이라든가 인간은 전부 정보의 대상이 됩니다. 그래서 모든 것이 정보의 대상이 되는 정보 체제의 세상이 된다는 것입니다. 다시 말해 기술 문명 속에서는 모든 것이 하나의 자료가 된다는 뜻입니다. 지금 우리가 사용하고 있는 이 용어는 1953년에 하이데거가 어느 강연에서 한 말이기도 합니다.

하이데거는 이 기술 문명의 틀에서 어떻게 벗어날 수 있는가에 대한 여러 가지 이야기 가운데 본질로의 회귀를 중요시합니다. 본질로 돌아간다는 것은 일단은 사물이 그 본래의 자세대로, 그리고 지속적으로 있다는 의미입니다. 플라톤 식으로 말하자면 본질은 영원히 지속된다는 이데아입니다. 그러나 하이데거는 존재하는 모든 것은 힘을 발휘하다가 차차 쇠퇴해서 없어진다고 이야기합니다. 그래서 우리가 가장 중요시해야 하는 것은 "몸으로 산다는 것"입니다. 그는 독일어로 멈춰 있다는 뜻의 '거주wohnen'라는 말을 매우 중시합니다. 이는 말하자면 자신의 동네에 멈춰 사는 것, 즉 자신의 고향에 살며 고향이 하나의 힘으로 작용하도록 하는 것을 말합니다. 본질은 여기에 나타납니다.

앞서도 이야기한 것처럼 하이데거는 사고의 경건성을 나타내는 물음에 대해 강조합니다. 다시 말해 사고는 경건하게 해야 하고, 경건함은 곧 무언가를 존중한다는 뜻이기에 모든 것을 자원으로 생각해서는 안 된다는 의미입니다. 또한 그는, 우리 모두는 삶의 본질로 돌아가야 하며 본질 속에서 끊임없이 질문해야 한다고 이야기합니다. 왜냐하면 세상에 확실한 것은 없으며, 진리 또한 자기 모습을 분명하게 드러내지 않기 때문입니다.

물론 이것만으로 앞서 이야기한 것처럼 현상을 분명하게 이해하기는 힘들지만 이 접근의 노력이 중요한 것임을 알아야 합니다.

반성적 사고 ─ 그리고 감각적 확신

플라톤은 이데아의 정립을 위해 아무것도 신성시하지 않고 무조건 질문을 던졌습니다. 하이데거도 사고의 중요성에 대해 강조하면서 질문하는 것을 중요시했습니다. 플라톤의 초기 대화편에 나오는 가장 중요한 질문 방법 중 하나는 희랍어로 '엘렝코스elenchos'라고 하는 것입니다. 우리말로 흔히 '논박'으로 번역되는 이 개념은 소크라테스의 철학 활동을 특징짓는 말로 잘 알려져 있습니다.

누군가 무엇을 주장할 때 그것이 옳지 않다는 것을 밝히는 방법입니다.

플라톤의 대화편에 보면 엘렝코스를 사용한 대화가 굉장히 많습니다. 상대방을 비웃는 것처럼 보이기도 하고, 그래서 질문을 받는 자가 화를 내기도 하지만 소크라테스가 이러한 방식을 사용한 이유는 상대방을 폄하하기 위해서가 아닙니다.

그래서 플라톤학자 로빈슨T. M. Robinson은 소크라테스가 무언가를 물어볼 때 그에게 가장 중요한 것은 가르치는 것이 아니라 스스로 깨닫게 하는 것이라고 이야기합니다. 이것은 스스로의 동기에서 행동하는 것, 피교육자 또는 우연히 피교육자의 자리에 놓인 사람 그리고 자기 자신에게도 해당하는 말입니다.

소크라테스가 시민 교육, 인간 교육에 나선 것은 다른 사람을 계몽하자는 의도가 아닙니다. 처음에는 사물의 참모습을 탐구하려는 마음이 다른 사람보다 강하다 보니 호기심과 질문이 많아졌고, 그 과정 속에서 잘 알지도 못하면서 아는 체하는 사람들의 독단적인 사고와 말을 깨뜨리는 질문을 하게 된 것입니다. 그 결과가 엘렝코스입니다.

앞서도 언급한 바 있지만 동양의 전통에도 이러한 것이 있습니다. '수신제가치국평천하'가 그렇고, '격물치지'도 그렇습니다.

또 조선 중기 학자 이황이 1568년에 선조에게 올린 상소문인 『성학
십도聖學十圖』도 그렇습니다. 여기에는 성왕이 되기 위한 도가 담
겨 있습니다. 또 중국 송대의 유학자인 주자朱子는 후학들에게 격
물치지를 위한 선비의 자세를 다음과 같은 순서로 이야기합니다.

먼저 많이 배워야 한다는 뜻의 '박학博學'입니다. 두 번째는
따져보아야 한다는 뜻의 '심문審問'이고, 세 번째는 깊이 신중하게
생각해야 한다는 뜻의 '신사愼思'입니다. 네 번째는 말을 분명하게
해야 한다는 뜻의 '명변明辯'이며, 다섯 번째는 행위로 옮겨야 한
다는 뜻의 '독행篤行'입니다.

여기서 심문은 사실 플라톤과 같은 철학자들에게 중요했던 엘
렝코스와 같은 의미로 해석할 수 있습니다. 기어이 물고 늘어져 따
지는 조금은 부정적인 의미를 가지고 있었으나 차차 깊이 있고 신
중하게 생각하는 것으로 바뀌어, 결국 말을 분명하게 하고 독실하
게 행동하는 것으로 이어집니다.

이렇게 동양 사상과 서양 사상을 비교해보면 서로 유사한 점
도 많지만 동시에 차이도 있다는 것을 알 수 있습니다. 서양 사상
에서는 '묻다'가 '의심을 품는다'는 의미로 사용됩니다. 데카르
트도 그렇고, 서양의 다른 철학자도 그렇습니다. "De omnibus
dubitandum", 즉 '모든 것을 의심(회의)해야 한다'고 말하는 것

입니다.

이것이 일종의 사물이나 자연에 대한 사고 과정을 되돌아보며 성찰하는 '반성적 사고'라고 할 수 있습니다. 하이데거도 반성적 사고를 해야 한다고 이야기한 바 있습니다.

서양에서의 반성에는 두 가지 뜻이 담겨 있습니다. 하나는 나의 행동을 되돌아보는 것이고, 또 하나는 자신의 생각을 되짚어보는 것입니다.

반면 동양에서의 반성에는 『논어論語』에도 나와 있듯이 "오일삼성오신吾日三省吾身", 즉 '나는 매일 세 번 나 자신을 돌아본다'는 뜻이 담겨 있습니다. 세 번 자신을 돌아보는 행위 중 가장 첫 번째는 "위인모이불충호爲人謀而不忠乎", 즉 '남을 위해 일하되 불충하지 않았는가?'이며, 두 번째는 "여붕우교이불신호與朋友交而不信乎", 즉 '친구를 사귀는 데 믿음을 잃지 않았는가?'입니다. 그리고 세 번째는 "전불습호傳不習乎", 즉 '배운 바를 몸으로 익혔는가?'입니다.

그러니까 동양에서도 반성을 강조하지만, 그 반성의 의미는 윤리적 기준을 지켰는가를 묻는 것입니다. 반면 서양에서의 반성의 의미는 진리를 포함한 세상의 모든 것들을 물어보는 것, 즉 열려 있는 물음입니다. 여기에는 일장일단이 있습니다. 진리에 대한 물음을 통해 자신의 생각이 참된 진리에 접근하게 된다는 것이 서양 철학이며, 물음을 통해 행동이 윤리적 기준을 지켰는지를 돌아보는 것이 동양 철학입니다.

그러나 윤리적 테두리를 벗어나지 않는다는 동양 철학은 어떤 면에서 억압적일 수 있습니다. 자발적인 인간으로서의 성장을 저해하는 것이 될 수도 있다는 이야기입니다.

그러나 그리스 철학에서도 물음은 도덕에 관한 것까지 포함하고 있어서 도덕적 인간을 만드는 데 중요한 역할을 했습니다. 사실 사물을 존중해서 과학적 연구를 한다는 것은 사물이 어떻게 움직이는가에 대해 주의를 집중하는 것입니다. 그러나 객관적인 이해를 한다는 것 자체가 경건한 마음으로 사물을 보는 것이기 때문에 거기에는 반드시 윤리적인 것이 포함된다고 할 수 있습니다.

이에 대하여 플라톤이 말하는 이데아의 세계는 지성 세계가 완전히 초이성적인 것으로 드러날 수 있다는 것을 의미합니다. 플라톤의 '동굴의 비유'에서 어둠의 동굴을 벗어난 사람들은 밝은 태양의 세계를 봅니다. 여기서 밝은 태양은 이른바 종교적 깨어남과 유사한 하나의 황홀한 비전이라고 할 수 있습니다. 그리하여 감각과 하나가 됩니다.

사실 빛이라는 것은 우리의 지성으로 볼 수 있는 것이 아닙니다. 감각으로 보는 것이지요. 그러니까 지적인 훈련이 지속되면 그것이 감각적인 것으로 옮겨간다는 의미입니다. 오랜 수련을 통해 철저한 확신에 이르면 다시 감각적 체험의 카탈렙시스 katalepsis 상태에 중독되는 것입니다.

이것은 유교에서도 마찬가지입니다. 유교는 윤리적인 것을 배우는 것이지만 동시에 어떤 깨달음의 순간을 얻는 것이기도 합니다. 불교에서 단번에 깨달음을 얻는 것을 '돈오頓悟'라고 하듯이, 유교에도 그러한 순간이 있습니다.

미국의 중국학자 페이이 우 Pei-Yi Wu 가 쓴 『유자의 역정 The Confucian's Progress』에 보면 정신적 깨우침에 이르는 순간에 대한 이야기가 있습니다. 그런데 갑자기 깨닫게 되는 이 순간이 그냥 찾아오는 것이 아니라 계속해서 공부를 하다 보면 어느 순간 깨달음에 이르게 되는데, 그것은 감각적으로 절대적 확신이 드는 순간이라고 그는 이야기합니다.

이렇게 동서양을 막론하고 깨달음은 어느 순간 나타나는 것이며, 이성적인 추구에도 따르는 것이라고 할 수 있습니다. 그리고 이성적인 추구에도 윤리적인 성격은 포함되어 있습니다. 경건한 마음으로 사물에 주의를 기울이는 것 자체가 윤리적 성격을 띠기 때문입니다.

그리고 이러한 경건한 집중력 없이 과학적 연구는 불가능합니다. 그만큼 과학 연구와 윤리적 인간 완성은 서로 밀접하게 연관되어 있다는 이야기입니다. 그렇기에 과학적인 사고에도 반드시 경건한 자세가 필요하고, 또 그 안에 들어 있는 윤리를 알아야만 합니다. 오늘날 우리 사회에 생겨나는 많은 문제들은 이 윤리적인 기초가 약하기 때문에 발생하는 일들입니다.

윤리적인 기초를 다지기 위해서는 사물 하나하나에도 주의를 기울여야 합니다. 우리는 일상에서 수없이 윤리적 결단의 순간을 맞이합니다. 가령 길게 줄을 서 있는 사람들 사이에서 새치기를 해서는 안 된다고 판단한다거나 누군가 내게 뇌물을 건네며 유혹의 손길을 뻗칠 때도 결코 이를 받아서는 안 된다고 판단하는 윤리적 결단이 있어야 하는 것입니다.

윤리적 결단이라는 것은 어떤 대상을 대할 때 일정한 거리를 두고 객관적으로 바라보는 시각입니다. 산다는 것은 시시각각 결단과 선택의 순간에 놓이는 일입니다. 그리고 그 선택의 주체는 누구도 아닌 바로 나 자신입니다. 윤리적 결단을 위해서는 바로 이 주체적인 사고가 필요합니다. 사실에 입각해 이러한 사정이 있을 때 나는 이렇게 하겠다는 것을 순간적으로 결정할 수 있는 마음이 있어야 합니다.

다시 말해 윤리적 결단은 사실적 환경 속에서 일어나는 것입니다. 그렇기 때문에 오랫동안 생각하고 공부하고 전통에 대해서도 귀를 기울이고 하는 등의 노력이 있어야만 결정적인 순간에 올바른 결단을 할 수 있습니다.

상실의 시대를 위한 윤리적 지침

이러한 올바른 결단을 위해서는 어떤 훈련이 필요할까요?

옛날에 우리나라에서는 사서삼경四書三經을 공부하는 것을 매우 중요하게 여겼습니다. 그리고 삼강오륜三綱五倫을 중시했습니다. 그러나 이러한 동양의 윤리적 전통이 사라지고 있는 오늘날의 대한민국에서 우리는 어떤 윤리적 지침을 가져야 할까요?

윤리적 지표를 다지기 위한 첫 번째 방법은 사실의 존중과 우리의 전통 사상에 대한 연구입니다. 두 번째 방법은 오늘날 서양의 문화와 경제 구조가 보편화되어 있는 세계 속에서 이러한 서양 사상을 통해 동양 사상을 재해석하고 동양 사상의 장점을 재발견하는 것입니다.

동양 사상의 장점은 무엇이 있을까요? 간단히 이야기하기 어려운 부분입니다. 누군가 제게 중국이 굉장히 강대한 나라가 되었는데 두렵지 않느냐고 물은 적이 있습니다. 그래서 대답했습니다.

중국은 원래 전투적이거나 전쟁을 옹호하기보다 평천하를 나라의 정치적 이상으로 삼았으며, 그리고 중국의 임금들은 전쟁보다 통치에 더 관심을 두었던 사람들이라고 말입니다. 말을 타고 전쟁터를 누비기보다는 방 안에 가만히 앉아서 남쪽을 바라보는 것이 전형적인 중국 임금의 이미지였습니다. 이러한 점으로 미루어 보아 중국은 강력해질수록 더 평화로운 나라를 추구하지 않을까 한다고 답해주었습니다.

서양의 여러 영웅 중 한 명인 알렉산더 대왕은 그리스, 페르시아, 인도에 이르는 대제국을 건설한 마케도니아의 왕입니다. 알렉산더를 연구한 한 학자는 "알렉산더는 정복보다 전쟁에 더 관심이 많았다"라고 이야기합니다. 전쟁은 자신의 권력과 능력을 증명해 주기 때문입니다. 그래서 그는 늘 "어디 전쟁할 데 없나?" 하고 찾아다녔다는 것입니다. 물론 이것이 알렉산더의 전부를 의미하는 것은 아닙니다만 그러한 면모가 있었다는 이야기입니다.

동양에서도 『삼국지三國志』나 『수호지水滸誌』를 보면 그러한 면이 없는 것은 아닙니다. 그러나 전통적인 동양 사상에서의 임금은 한마디로 '평화주의자'라고 할 수 있습니다. 다만 이러한 동양 사상의 장점을 오늘날 어떻게 되살릴 수 있을지, 그리고 그것을 어떻게 교육할 수 있을지에 대한 연구가 필요하다고 하겠습니다.

　동양 사상의 장점을 현대 사회에 적용할 수 있는 방법은 서양의 것을 공부하면서 동양의 것을 재해석하는 방향으로 나아가는 것이라고 생각합니다.

공동체와 동네 그리고 고향으로 돌아가야 하는 이유

지금까지 정보가 이성의 토대가 아니며, 우리 스스로 반성할 줄 아는 능력을 갖는 것의 필요성에 대해 이야기했습니다. 그리고 그것의 방법론으로 '질문하기'에 대해 이야기했습니다. 또 그에 따른 동양과 서양 사상의 차이에 대해서도 이야기했습니다. 서양은 너무 많은 질문으로 인해 오히려 질문이 정보의 문제점으로 전락할 수도 있는 반면, 동양은 질문에서 윤리적인 측면들을 강조하다 보니 그것이 규범화되어 사람들에게 강제하는 방식으로 사용되는 수단점이 된다는 점에 대해서도 이야기했습니다.

　그리고 데카르트에서 플라톤, 하이데거에 이르기까지 여러 이야기들을 했습니다. 결국 이야기의 끝은 질문하는 사람이 되자는 것입니다. 이를 위해서는 자기만의 질문 방식을 찾아야 할 것입니다. 하이데거도 그렇고 데카르트도 그렇고 물어보기 위해서 물어보는 것이 아니라 모든 것을 물음으로써 바른 답을 찾자는 것입니다. 정해진 답은 없으며, 우리 스스로 직접 체험하는 것이 답을 찾는 길입니다. 하이데거가 말한 고향으로 돌아가라는 이야기는, 조금 추상적으로 말하자면 각자 자기가 원래 처해 있던 본질로 돌아가야 한다는 의미입니다.

2016년 쿠바의 카스트로 Fidel Castro 가 죽었습니다. 거기에 대해서 미국의 기자가 3대에 걸친 쿠바 사람들과 인터뷰를 했습니다. 할머니 할아버지는 카스트로가 자기들에게 농토도 주고 먹을 것도 주고 늦게나마 공부도 할 수 있게 해주어서 참 고맙다고 이야기했습니다. 그다음 세대는 어쨌거나 자신들이 먹고사는 데 불편한 것은 없으나 조금 더 잘 살았으면 좋겠다고 이야기했습니다. 그러자 손자 세대는 다른 나라와 비교했을 때 많이 뒤처지게 사는 것보다는 훨씬 더 잘 살 수 있어야 한다고 이야기했습니다.

사람이 그렇습니다. 정말 아무것도 없으면 최소한 먹고는 살아야 하지 않겠느냐고 생각합니다. 그러다 먹고사는 것이 해결되면 그보다는 조금 더 윤택한 삶을 욕망합니다. 인간의 이러한 변화는 불가피합니다. 그래서 한 세대의 답이 반드시 다음 세대의 답이 되는 것은 아닌 것 같습니다.

또 하나는 쿠바의 한 작가와 했던 인터뷰입니다. 지금 쿠바의 의장은 피델 카스트로의 동생 라울 카스트로 Raul Castro 입니다. 그의 남은 임기는 1년 남짓입니다. 인터뷰에 응한 작가는 임기가 끝나면 새로운 대통령이 나올 테고, 그러면 우리 사회가 점점 더 자본주의화 되는 것은 명백한데, 그 야만적인 자본주의 사회를 어떻게 감당해야 할지 매우 걱정스럽다고 했습니다. 말하자면 하나의 야만주의에서 다른 야만주의로 향해가는데 어떻게 해야 할지 모르겠다는 것이 그 사람의 관점인 듯했습니다.

그것이 바로 지금 우리가 마주하고 있는 문제입니다. 자본주의가 얼마나 생산적이냐 하는 것은 우리나라를 돌아보면 알 수 있습니다. 지금 우리나라는 거의 선진국이 되어가고 있는 상태입니다. 이것을 20~30년에 걸쳐 이루었으니 공산주의보다 이룬 것이 많다고 이야기할 수도 있습니다.

그러나 그와 동시에 삶이 괴로워진 것도 사실입니다. 인간관계가 나빠졌으니까요. 그래서 하이데거 식으로, 우리가 출발했던 장소로 돌아가야 한다는 말이 나오는 것이기도 하겠지요. 출발했던 장소란 모든 사람들이 함께 모여 동네를 이루고 살았던 것을 이야기합니다.

그러면 동네를 이루고 사는 것은 어떻게 해야 가능할까요? 그것은 도시 계획과 주택 건물을 제대로 세우고 만들어나가는 데서 출발해야 합니다. 사실 이것은 소소한 부분인 것 같지만 굉장히 현실적인 문제입니다.

언젠가 일본 작가가 쓴 수필을 본 적이 있습니다. 부모님을 모시고 사는데 집 안에서 늘 말싸움이 많이 일어난다고 했습니다. 서로 스케줄이 다르다 보니 아침에 일어나고 밥을 먹고 하는 것에서부터 문제가 생길 수밖에 없고, 그 결과 각자 투정이 많을 수밖에 없었던 것입니다.

그래서 그들은 이 문제를 해결하기 위해 집이 2층인데 2층에다 부엌을 따로 만들었다고 합니다. 각자 스케줄대로 일어나고 밥을 해 먹고 하는 방식으로 살기 시작하자 더 이상 다툼이나 불평이 생기지 않더라는 것입니다.

이렇게 물리적인 환경을 잘 조성하는 것은 매우 중요한 일입니다. 그러나 우리의 현실은 그렇지 못합니다. 사정에 따라 동네는 사라지고 고층 건물만이 가득한 세상이 되었습니다. 가정이 파괴되지 않고, 동네가 파괴되지 않을 수 있는 쪽으로 방법을 모색해야 한다고 생각합니다.

지금 세계에서 가장 혼란스러운 곳 중 하나가 중동 지방입니다. 테러리즘이라는 것이 세계적으로 퍼져가고 있습니다. 서울대학교에서 중동 지방을 연구하는 분과 이야기를 나눈 적이 있습니다. 어떻게 하면 이슬람 테러리즘이 조금이라도 줄어들 수 있느냐고 물었습니다. 그러자 그분이 경제 발전을 일으켜 먹고살 만하면 괜찮아질 것이라고 이야기하더군요. 현명한 대답이라고 생각합니다.

그러니까 물질적인 수단도 확보하고, 개인적인 관점에서 인간적으로 사는 것이 무엇인지에 대한 지침도 있어야 한다는 것입니다. 또 동시에 환경 파괴 문제도 생각해야 합니다. 환경이란 우리가 필요로 하는 물질적인 조건일 뿐만 아니라 심리적으로도 필요한 것입니다. 꽃이나 나무를 보면서 기분이 좋아지는 것은 우연적인 것이 아니라 이것이 사람의 마음속에 깊이 감춰져 있는 행복에 대한 하나의 이미지이기 때문입니다.

다시 말해 경제, 윤리 그리고 환경이 어떻게 조화를 이루느냐 하는 것이 중요하며, 이것을 정책적으로 어떻게 구현하느냐 하는 것이 또 다른 해결책이 될 것입니다. 그것을 위해 묻고 또 묻고 답을 찾아야 합니다.

2. 기독교와 유교로 본 우주, 지구, 인간의 하나 됨

_ 메리 에블린 터커

Mary Evelyn Tucker

미국 예일대학교 산림환경대학원 및 신학대학원 부교수다. 예일대학교 '종교와 생태학 포럼'의 공동 설립자이자 책임자로, 종교의 생태적 책임을 연구하는 세계적인 학자다. 공저서로는 「우주 속으로 걷다」, 「유학사상과 생태학」 등이 있다.

우주와 지구와 인간의 통합, 그리고 여기에 영향을 준 전 세계의 고대 문명에 대해 이야기해보도록 하겠습니다. 그중에서도 특히 한국, 중국, 일본의 유교 전통에 대해 살펴보고자 합니다. 이러한 유교 사상은 동남아시아의 힌두교에서도 찾아볼 수 있습니다. 세상을 창조하기 위해 희생된 위대한 인간이라는 뜻의 푸루샤 purusa·가 바로 그러한 개념입니다.

또한 각 대륙의 고유한 전통을 살펴보면, 인간이 자연이나 천체와 서로 관련되어 있다는 관념이 많이 존재합니다. 아주 오래되었지만 동시에 현대적인 관념이지요. 심지어 그리스의 스토아학파도 인간과 지구, 우주의 발전적이고 역동적인 관계에 대해 이해하고 있었습니다. 인간과 지구, 우주 이 세 가지 주체 간의 관계는 중세 시대나 르네상스 시대, 근대를 가리지 않고 항상 나타나는 개념입니다.

여기서 기독교의 모든 영역을 다룰 수는 없겠지만, 개신교의 존 콥 John Cobb 에서 그리스 정교회의 바르톨로메오 Bartholomaeus 까지 현대의 많은 기독교 학자들도 이와 같은 주장을 하고 있다는 것만은 분명합니다. 프란치스코 교황도 인간이 지구 혹은 우주와 맺고 있는 특별한 관계에 대해 언급한 바 있지요. 저는 피에르 테야르 드 샤르댕 Pierre Teilhard de Chardin ·· 의 이론을 통해 이 개념에 대해 설명하려 합니다. 덧붙여 이것은 기독교 전반에 걸쳐 널리 퍼져 있는 개념이라는 점을 말해두고 싶습니다.

재조명되는 전통 사상

현대 사회에 접어들면서 인간이 지구 혹은 우주와 같은 더 큰 세상과 연결되어 있다는 정서가 차츰 희미해지는가 싶더니 급기야 급격히 사라졌습니다.

　　하지만 후기 과학사회post science society***에 접어들면서 지구

• 　인도의 천지창조 신화에 나오는 태초의 존재를 말한다.

•• 　1881~1955, 과학과 신앙의 조화를 지향한 프랑스의 가톨릭계 신학자이자 철학자이며 인류학자다. 극동(주로 중국)과 남아프리카에서 생물학을 연구하고 많은 발굴에 참가했으며, 북경원인 발견으로 유명하다. 많은 저서를 통해 생물학과 인류학에 입각한 철학 사상을 그려내 세계의 비전에 일치되는 인간의 정신을 보여주었다.

••• 　미국에서 새로이 주장된 개념으로 한국에서는 이에 대해 아직 정의된 바 없다. 후기 산업사회가 산업사회 이후를 지칭하듯이, 후기 과학사회는 여전히 과학이 중요하지만 현재와는 다른 방식으로 생산, 유통, 소비되는 사회를 지칭한다. 다시 말해 전 세계의 과학기술이 서로 교류하고 국가 단위가 아닌 개별 기술 제공자가 주가 되는 사회를 뜻한다.

나 우주와의 관계를 중요시하는 정서가 회복되기 시작했고, 이에 따라 인간과 자연을 유기적인 공동체로 보는 새로운 생태주의가 떠오르고 있습니다. 또한 인류 역사의 진화를 통해 우주 안에서의 우리의 역할이 무엇인지를 생각해보게 되었습니다.

우주와 지구, 인간의 관계는 우주론에 해당하지만 정치적인 문제와도 관련이 있어서 때로는 그에 대해 논의하는 것이 제한되거나 금지되어 우선순위에서 밀리기도 합니다. 하지만 인류 역사의 진화 과정 속의 우리 역할에 대해서는 교육이나 자기수양 등을 통해 얼마든지 알아갈 수 있습니다.

이러한 이유로 우주론을 이야기하기에 앞서 요즘 발생하고 있는 생태나 사회 정치적 문제들을 해결하는 데 전통적인 사상이 다시 사용되고 있다는 점을 되새길 필요가 있습니다. 결국 유교나 기독교의 전통을 회복하는 것이라고 말할 수 있습니다. 동시에 이러한 전통을 재구성하고 재평가하는 작업도 생겨나고 있습니다. 산업용 기계가 넘쳐나는 이 시대를 살아가는 우리는 외롭고, 지치고, 소외되고, 불만족스러우며 스스로 존재의 의미와 나아갈 방향을 잃어버렸기 때문입니다.

제가 처음 한국에 오게 된 것은 1974년입니다. 당시 저는 일본에서 학생들을 가르치고 있었습니다. 그러다가 시모노세키에서 부

산으로 건너와 북한과 인접한 휴전선 근처까지 여행을 하게 되었는데, 그때 한국이라는 나라에 크게 매료되었고 그 감동은 지금까지 계속되고 있습니다.

동아시아가 전 세계에서 차지하는 비중은 매우 큽니다. 제가 '유교가 우주와 지구, 인간에 대해 현대 사회에 제시할 수 있는 교훈'을 연구하는 것도 그러한 이유에서입니다.

2008년의 무더운 여름날에 베이징을 방문한 적이 있습니다. 남편과 저는 그곳에서 환경에 관심이 많은 여러 학자와 교수, 학장과 원장 들을 만났습니다. 그들과 함께 긴 회의를 하는 내내 베이징은 심각한 대기오염을 겪고 있었습니다.

우리가 만난 여러 사람들 가운데 중국 사회과학원의 학자들도 있었는데, 그들은 우리가 편찬한 종교와 생태학에 관한 하버드 총서를 읽었다고 했습니다. 그런데 그들은 그 책을 그냥 읽고 끝낸 것이 아니라 팀을 꾸려서 그중 유교와 도교, 불교에 관한 책들을 중국어로 번역하고 있다고 했습니다. 왜 그들은 그러한 힘들고 고단한 일에 매달리게 되었을까요?

여러분도 아시다시피 중국은 지구상에서 공해가 가장 심각한 나라 가운데 하나이기 때문입니다. 급격한 경제성장과 무분별한 개발로 중국에서는 도시는 물론 지방까지 폭발적인 건설 붐이 일어났습니다. 도시로 몰려든 이주 근로자들은 공장에서 저임금으로 노동력을 제공하고 있으며, 앞으로 10년 내에 2억 5000만 명이 넘는 사람들이 도시로 이주할 것이라는 예상입니다. 인류 역사상 최대 규모의 인구 이동인 셈이지요. 수천 개의 화력발전소가 건설되어 미세 먼지를 뿜어내자 중국 중앙정부는 발전소 건설을 규제하기 시작했고, 여기서 한 발 더 나아가 아예 폐쇄하는 것까지 고려하고 있습니다.

전력 수요가 끊임없이 늘어나자 중국은 수년에 걸쳐 양쯔 강에 댐을 건설했습니다. 그러나 이 댐 건설 공사로 인해 100만 명이 넘는 인구가 생활 터전을 잃었고, 많은 유적지가 물에 잠겼습니다. 이러한 환경적인 문제가 발생하자 세계은행에서 자금 지원을 철회하기도 했습니다. 중국만이 아니라 전 세계 다른 나라의 댐들도 이와 비슷한 문제를 안고 있습니다.

이 같은 현실로 인해 중국 사회과학원의 세계종교연구소에서는 유교, 도교, 불교 등의 중국 전통 사상에 담긴 환경 윤리에 관심을 갖게 되었고, 이러한 이유로 우리가 집필한 세계의 종교와 생태학에 관한 하버드 총서를 번역하고 있었던 것입니다. 그곳의 몇몇 교수들이 서양 종교와 철학이 아닌 중국 고유의 전통을 바탕으로 환경의 가치를 새롭게 바라보는 관점이 필요하다고 생각했던 것입니다. 제가 이야기하고자 하는 것도 바로 이것입니다. 각국이 고유한 전통과 문화를 통해 오늘날의 환경 문제를 해결해야 합니다.

중국을 떠나기 하루 전날, 저는 한 통의 이메일을 받았습니다. 기대는 하고 있었지만 정말로 성사되리라고는 생각지도 못했던 내용을 담은 이메일이었습니다. 다음 날 10시 반에 환경보호부 차관인 판웨이潘岳˙와의 만남을 승낙하는 내용이었습니다. 중국 환경보호부 차관과의 만남이라니, 저는 무척이나 기대에 부풀었습니다.

차관은 그날 밤이나 되어서야 대지진이 발생한 쓰촨 성에서 베이징으로 돌아올 수 있었고, 우리는 다음 날 2시에 일본행 비행기를 타야 하는 상황이었습니다. 그러한 가운데 다행스럽게도 1시간 여 동안 회의를 진행할 수 있는 시간이 주어졌던 것입니다.

다음 날 아침, 우리는 환경부 정문에서 안내를 받아 회의실로

˙ 장쑤 성 난징 출신으로 1994년에 국무원에 들어와 국유자산관리국, 경제체제개혁판공실 등을 거쳤으며, 2000년대 초반 과감한 정치 개혁을 주장함으로써 일약 유명 인사로 떠올랐다. 당시 직책은 국무원 체제개혁판공실 부주임으로 당내 보수파들의 집중 견제를 받았으나 공청단파(共靑團派)로서 후진타오 전 주석의 보호를 받아왔다. 이후 2008년에 환경보호부 부부장(차관)에 올랐다.

들어갔습니다. 탁자에 앉아 녹차를 마시며 판웨이 차관이 오기를 기다렸습니다. 10시 반이 조금 지나 그가 통역과 보좌관 두 명과 함께 들어왔습니다. 그는 악수를 청하며 우리를 따뜻하게 맞아주었습니다. 우리와 함께 초대된 도교학자 두 명을 포함해 모두 여덟 명이 협상 테이블을 사이에 두고 마주앉았습니다. 우리는 판웨이 차관에게 유교와 생태학 책을 선물했고, 차관은 우리에게 영어로 번역된 자신의 연설집을 건넸습니다.

사실 우리는 10여 년 동안 판웨이의 연설을 찾아 들었습니다. 중국의 고위 관료가 유교, 도교, 불교의 관점을 토대로 중국의 생태 문화에 관한 책을 쓴다는 사실이 놀라웠기 때문입니다. 또한 하버드대학교에서 한국, 중국, 일본의 생태 윤리가 서양과 다른 점에 대한 컨퍼런스 시리즈를 기획한 적이 있었기에 더욱 신기했지요.

우리는 판웨이 차관의 연설집을 읽고 감탄했습니다. 그는 중국의 고대 경전을 탐독하고, 그것의 역사적 발전 과정까지 연구해 박사 학위를 받은 사람이었습니다. 그는 자신의 책에서 중국 문화와 사상, 관습에 스며들어 있는 자연에 관한 여러 관점을 서술했습니다. 이를 통해 중국의 생태 문화와 생태 문명을 만들어나가겠다는 포부도 밝히고 있었지요.

다만 그는 중국 고전에 나와 있는 환경을 대하는 법칙을 사람들에게 강요하지 못하는 것은 중국에 아직 생태 문화가 정립되어 있지 않기 때문이라고 한탄했습니다. 그래서 우리는 그러한 면에서는 미국도 마찬가지라고 말해주었습니다. 수질과 대기에 관련한 기준을 강화하기 위해 우리는 미국 환경보호국을 상대로 소송을 해야만 한 적도 있으니까요. 이것이 모두 생태 문화는 약한 반면, 환경보호국을 상대로 한 기업의 로비 문화는 발달해 있는 씁쓸한 현실 때문입니다.

우리가 차관의 문화적 관점에 큰 관심을 보이자 그는 큰 소리로 웃으며 이렇게 말했습니다. 중국의 문화 전통과 생태에 관해 대화를 나눌 사람이 필요한 것이라면 사람을 제대로 찾아왔다고 말이지요. 회의는 내내 즐거웠고, 판웨이 차관은 아주 기운이 넘쳤습니다.

그는 여러 국제 환경 단체의 고위 관계자들을 만나봤지만 문화의 중요성에 초점을 맞추는 사람은 거의 없었다며 우리와의 대화를 무척 기뻐했습니다. 문화를 통해 생태적 변화의 발판을 마련하고자 하는 판웨이 차관의 깊은 열망은 전염성이 강했습니다. 우리와 같은 생각을 가진 사람이 중국 환경부에 있으리라고는 생각지도 못한 일이었습니다.

판웨이 차관은 유교의 사대부가 어떤 사람인지를 직접 보여주는 놀라운 본보기였습니다. 사대부는 유교 경전을 연구해 인간적인 정부의 실현을 꿈꾼 사람들입니다. 관료가 되기 위해서는 고대 경전의 내용을 기술하는 과거 시험을 통과해야만 했는데, 이는 올바른 통치의 원리를 이해하고 있는지를 확인하기 위한 과정이었습니다. 이 같은 사대부 제도는 청나라가 무너진 1912년까지 지속되었습니다.

판웨이 차관은 권력을 올바르게 사용해 공공의 선을 이룩하는 과거 사대부들의 이상을 몸소 실천하고 있었습니다. 중국의 문명이 수세기 동안 이어져올 수 있었던 것은 이렇게 권력자들이 백성의 행복에 관심을 두었기에 가능했을 것입니다.

우주, 지구, 인간을 잇는 세 개의 꼭짓점

그렇다면 과연 유교의 어떤 측면이 인간이 자연과 조화를 이루며 발전하는 미래를 만드는 데 도움이 될까요? 판웨이 차관이, 중국이 무분별하게 자연을 파괴하고 착취하는 공업 지향적인 사고방식에서 생태 문명으로 돌아설 수 있도록 하는 데 필요하다고 꼽은 전통은 무엇일까요? 또한 판웨이의 이러한 관점은 한국과 일본을 포함한 유교 사회에 어떤 영향을 미칠까요? 한 발 뒤로 물러나서 먼저 유교가 무엇인지에 대해 이야기해보겠습니다.

유교는 전통적으로 인본주의적인 사상으로 여겨졌습니다. 가족과 사회, 국가에 대한 인간의 역할과 책임을 강조했기에 유교는 주로 인간 중심적인 윤리나 정치철학으로 취급되었지요. 하지만 조금 더 깊이 들여다보면 이것이 얼마나 편협한 관점인지를 확인할 수 있습니다.

유교는 단순한 윤리나 정치철학, 이념 체계가 아닙니다. 서양의 전통과는 다른 심오한 영적 전통이라고 할 수 있습니다. 더 나아가 유교는 인간의 상호 관계뿐만 아니라 인간과 자연 세계 그리고 우주 사이의 관계를 설명해주는 사상입니다. 베이징대학교에서 유교 철학을 연구하는 뚜웨이밍 교수는 유교를 '인간 – 우주적인 전통'이라고 정의했습니다. 유교는 소우주인 '인간'을 대우주인 '우주'와 연결해주는 우주론적 담론이라는 점에서 다른 사상과 차별화됩니다.

유교적 세계관은 여러 개의 동심원으로 설명할 수 있습니다. 인간이 중심이기는 하지만 고립된 개인이 아니라 가족과 사회, 국가 그리고 자연이라는 여러 가지 다른 원에 속해 있습니다. 모든 동심원은 자연과 우주 안에 포함되어 있어서 인간은 궁극적으로 다양하고 풍요로운 자연의 삼라만상森羅萬象 안에서 해석됩니다.

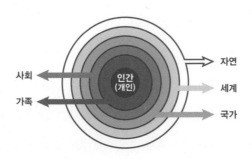

유교적 세계관의 동심원

인간은 동심원의 중심이기는 하지만 고립된 개인이 아니라 가족, 사회, 국가, 자연이라
는 여러 개의 다른 원에 속해 있다.

이러한 관계성 안에서 인간은 스스로 지켜야 할 의례를 배우고 자기수양에 정진함으로써 공동체 윤리에 기반을 둔 성인으로 성장해 나갑니다.

뚜웨이밍 교수는 이러한 유교 사상을 중국의 '문화 DNA'라고 부릅니다. 그렇기 때문에 모택동毛澤東 시대의 박해에도 불구하고 오늘날까지 살아남았다는 것이지요.

유교는 가족 안에서 살아 숨 쉬며 개개인이 다른 사람들과 서로 관계를 발전시킬 수 있도록 도와줍니다. 가족 관계 안에서는 부모와 조부모, 선조에 대한 공경이 가장 중요시됩니다. 효孝 사상은 어린 시절부터 필수적으로 갖춰야 할 덕목으로서 성장 과정 내내 교육되며, 성인이 된 후에는 삶의 바탕이 됩니다. 유교에서는 이러한 효 사상이 모든 생명의 근원인 우주와 지구로까지 확장됩니다. 어떤 사상가들은 생명 공동체를 돌보는 것 또한 효라고 이야기합니다.

개인은 관계에 따라 적절한 의례를 갖춰 조화로운 사회를 만들어가는 것이 목표입니다. 중국 고대 유가의 경전인 『예기禮記』에 보면 이러한 의례를 치르는 과정이 자세하게 설명되어 있습니다. 유교에서는 개인 간의 갈등을 피하고 공동체 윤리를 존중해야 한다고 가르칩니다.

이렇게 관계에서의 조화를 강조하는 전통은 중국은 물론 동아시아 전체에 여전히 남아 있습니다. 전통적인 유교 문화권에서의 개인은 도덕적 수양을 통해 사회 공동선에 기여해야 한다고 교육받습니다. 교육을 중요시하는 가치 또한 오늘날 동아시아 전반에 강하게 남아 있습니다. 물론 교육을 통해 경제적 이익을 추구하는 쪽에 더 자주 초점이 맞춰지기는 하지만요.

유교에서 말하는 자연과의 관계에는 지속 가능성이 포함되어 있습니다. 고대의 경전부터 후대의 성리학 문헌까지 유교에서 강조하는 자연은 인간의 삶은 물론 사회의 번성과 깊이 관련되어 있습니다. 유교 사상은 자연에 일정한 리듬이 있어서 이 리듬이 인간의 생물학적 욕구와 사회 문화적 표현 욕구를 모두 충족시켜준다고 말합니다.

또한 인간의 생물학적인 부분은 자연과 완전한 하나의 유기체를 이룬다고 보았습니다. 자연의 모든 것은 상호 의존적이며 서로 연결되어 있기 때문입니다. 무엇보다 유교에서는 자연을 역동적이며 변화하는 존재로 인식합니다. 이러한 사상은 『역경易經』과 사서四書인 『논어』『맹자孟子』『중용中庸』『대학』에도 분명히 기록되어 있으며, 이후 송나라와 명나라 시대의 성리학 전통 안에서 꽃을 피우게 됩니다.

이러한 맥락에서 볼 때 자연에는 태극太極˙이라는 근원적인 기운이 내재되어 있습니다. 그 안에서 항상 변화하는 음陰과 양陽이라는 패턴이 나오며, 이 태극으로 인해 오행五行과 만물이 상호 작용합니다. 또한 자연은 '기氣'˙˙라고 불리는 유연하면서도 역동적인 힘에 의해 움직입니다. 그러므로 변화를 인정하라는 것이 자연의 교훈입니다.

제 이야기의 핵심은, 유교의 전통으로 볼 때 자연은 도덕적이라는 것입니다. 자연은 절대 중립적이지 않습니다. 이것이 유교가 대부분의 서양 사상과 크게 다른 점입니다.

유교에서의 인간은 우주적인 존재이지 인간 중심적인 개인이 아닙니다. 인간을 대우주와 관련한 소우주로 보기 때문입니다. 다시 말해 우주와 지구, 인간이 세 개의 꼭짓점을 이루고 있다는 것입니다.

- 사전적 의미로 태(太)는 크고 지극함을, 극(極)은 매우 높고 요원함을 의미한다. 곧 태극은 만물의 근원, 근본 등을 나타내는 것으로 천지 생성 이전의 궁극적인 실체, 즉 우주 만물의 생성 변화 원리를 의미한다.
- 만물 생성의 근원인 힘을 말하며, '이(理)'에 대응하는 것으로 물질적인 바탕을 이룬다.

유교의 관점에서 바라본 우주론

우주와 지구, 인간이 이처럼 복잡하게 서로 연결된 통합적인 관계라는 개념은 한나라 때, 즉 전한과 후한의 각각 200여 년의 세월 동안 발전해왔습니다.

사람들은 원소, 방위, 색상, 계절, 덕목 등 다양한 분야에서 이러한 관계성을 연구해왔습니다. 이와 같은 자연의 패턴을 인간 사회의 리듬과 잘 연결시켜야 한다는 생각은 중국은 물론, 한국과 일본을 포함한 동아시아 문화권에서는 아주 오래전부터 존재해왔습니다.

그리고 이는 인간 – 우주적 세계관의 기초가 됩니다. 인간은 우주 그리고 지구와 협력하면서 인간 사회 안에서 조화를 이루어야 한다는 뜻입니다.

유교 경전에서 지속적으로 강조하는 자아와 사회, 자연 사이의 상호 관계는 예술이나 건축에서도 찾아볼 수 있습니다. 유교에서 자연은 본질적으로 소중할 뿐 아니라 도덕적으로도 선합니다. 그래서 자연은 모든 것의 기준이며, 그렇기에 결코 인간 중심적인 관점에서 자연을 평가해서는 안 됩니다.

유교적 세계관에서는 실재와 가치를 구분하지 않습니다. 자연은 그 자체로 가치를 지니기 때문입니다. 가치는 자연의 지속적인 변환과 생사성 안에 담겨 있습니다.

성리학의 문헌에서 자주 언급되는 단어 중에 '생생生生'이라는 말이 있습니다. 항상 새로워지는 생명의 특성을 의미하는 말입니다. 이러한 의미에서 생명의 역동적인 변화는 성장과 결실, 수확 그리고 풍요의 순환 과정으로 바꾸어 말할 수 있습니다. 성장과 부패의 자연스러운 순환이 자연과 인간 그리고 사회가 지니고 있는 본질입니다.

이러한 맥락에서 유교는 계급제가 반드시 억압으로 이어지지는 않는다고 보았습니다. 대신 만물은 서로가 다르며 각자만의 고유한 가치를 지닌다고 보았습니다. 자연과 사회 안의 모든 것은 각자 자신만의 역할과 자리가 있으며, 각기 그에 따라 다루어져야 한다는 것입니다.

따라서 인간이 자연을 이용할 때는 각각의 요소 안에 들어 있는 내재적 가치를 인식해야 합니다. 인간과 다른 종種들은 각자만의 고유한 가치를 지니며 제각기 주어진 역할이 다르기 때문입니다. 유교에서의 계급은 이러한 기능을 이행하기 위한 불가피한 수단으로 해석할 수 있습니다.

그렇더라도 자연 앞에서 특권을 누릴 수 있는 개인은 없습니다. 오히려 음양과 같은 자연의 순환 논리가 사회 전체의 공동선을 위해 인간보다 우선시됩니다. 자연은 인간과 사회, 국가의 지속 가능한 발전의 근원입니다.

인간은 자연을 안정적인 사회를 위한 기반으로 인식하고 함께 조화를 이루며 세심하게 돌보아야 합니다. 『맹자』에는 자연과 가족을 올바르게 다스리고 이를 바탕으로 국가를 경영하는 예시가 여러 곳에 등장합니다. 다른 유교 경전에서도 나무를 함부로 자르거나 이유 없이 동물을 죽이지 말라는 구절은 어렵지 않게 찾아볼 수 있습니다.

하지만 사회와 국가 문화가 형성되면 인간은 자신들의 거주와 생산, 통치를 위해 필연적으로 자연을 이용하기 마련입니다. 이러한 의미에서 유교는 안정적인 사회를 위해 교육과 정치 조직의 형성이 필요하다고 인정하는 실용적인 사회 생태주의 사상입니다. 그럼에도 불구하고 유교는 인간의 문화적 가치가 자연과 그 구조에 기반을 두고 있으며, 인간은 너그러운 자연의 혜택을 받고 있다는 점을 분명히 밝히고 있습니다.

또한 유교 사회에서의 농업은 국가의 정치적·사회적 안녕을 위한 필수적인 기반으로 여겨집니다. 인간은 자연의 범주 안에서 살 때 번영할 수 있습니다. 자연의 아름다움을 보며 새로운 에너지를 충전하고, 계절의 변화에 따라 몸과 마음을 회복하며, 그 리듬에 의해 충만해집니다. 따라서 인간의 번영은 자연의 다양함과 풍족함에 달려 있으며, 자연에 역행하는 것은 곧 스스로를 파괴하는 행위입니다.

인간의 도덕적 성장은 개인의 욕구를 다스려서 자연을 거스르지 않고 도道를 따르는 것입니다. 인간의 정신은 바로 그 도의 정신과 관계를 맺으며 확장됩니다. 다시 말해 유교에서는 자연과 조화가 필수적이며, 인간은 자연과의 관계 속에서 조화를 이룰 때 비로소 자아를 실현할 수 있습니다.

인간, 지구, 우주가 함께 이루는 삼각형 모양의 관계가 의미하는 것은 인간은 우주와 지구와의 관계 안에서만 온전한 인간성을 찾을 수 있다는 뜻입니다. 이러한 관계성이 바로 우주론적 윤리 체계의 근간입니다.

현재 중국에서는 유교적인 관점에서 본 우주론에 관련한 내용의 컨퍼런스가 다양하게 열리고 있습니다. 어떻게 하면 전통적인 관점의 우주론으로 생태 문화와 생태 문명을 만들 수 있는지를 논의하기 위해서입니다. 중국의 생태 문명을 발전시켜야 한다는 주장은 중앙정부에서는 물론 지방정부에서도 점점 더 큰 관심을 보이고 있습니다.

2007년, 후진타오胡錦濤 전 주석이 이미 이러한 생각을 밝힌

바 있으며, 환경부의 판웨이 차관은 더 말할 것도 없습니다. 또한 시진핑習近平 국가 주석은 2013년 11월 20일 베이징에서 열린 전국인민대표대회 연설에서 생태 문명이라는 단어를 수십 번 언급했을 정도입니다.

생태 문명 계획은 이제 중국 공산당 장정에도 명시되었으며, 1000개의 도시와 14개의 성에서 이를 실천하고 있습니다. 2012년 9월에 후난 성에서 개최되었던 한 포럼이 바로 그 예입니다. 저도 그 포럼에 참석했는데, 당시 후난 성의 성장省長은 생태 문명을 행정부의 주요 정책 과제로 만들겠다는 포부를 밝히기도 했습니다. 후난 성의 인구가 9400만 명이 넘으니 결코 쉽지 않은 여정이 될 것입니다.

하지만 후난 성 정부가 친환경적인 성이 되겠다는 정책적 목표를 공표했다는 사실은 주목할 만한 일입니다. 미국에서 환경 운동이 전개된 지난 40여 년간의 그 어떤 발표보다 훨씬 앞선 움직임이라고 할 수 있으니까요. 자신들만의 고유한 유교 전통을 통해 생태 문명 발전이라는 목표를 달성하고자 노력하는 중국의 모습을 우리 모두가 본받을 필요가 있다고 생각합니다.

제가 주장하고 싶은 것은 유교나 그 어떤 전통이 역사적으로 실수나 실패 없는 완벽한 이상이라는 말이 아닙니다. 다만 유교가 현대 사회에 전통적인 지혜를 던져준다는 사실만은 분명합니다. 공동체적 윤리라든지 역동적으로 변화하는 우주의 관념, 그리고 인본주의적인 국가와 자기수양, 교육 등은 동아시아뿐만 아니라 전 세계 어느 곳에서든 통할 수 있는 가치입니다. 다른 식으로 말하자면 오늘날의 서양이나 미국에서도 유교적 사상이 필요할 것으로 보이며, 특히 공동선을 위한 공동체적 윤리 등의 관점은 반드시 필요하다고 봅니다.

기독교의 관점에서 바라본 우주론

이제 인간, 지구, 우주의 관계를 기독교적 관점에서 살펴보겠습니다. 먼저 피에르 테야르 드 샤르댕의 이론을 설명하겠습니다.

테야르는 예수회 신부이자 중국에서 인간의 진화를 연구한 과학자이기도 합니다. 1881년에 태어나서 1955년 사망에 이르기까지 그는 많은 이들에게 지대한 영향을 미쳤습니다. 2005년 뉴욕의 UN에서 열린 테야르 서거 50주년 기념식은 그의 삶과 사상이 얼마나 많은 이들에게 영감을 주었는지에 대한 반증입니다.

테야르는 인간이 어떻게 생겨났는지를 보여주는, 즉 인류 진화의 서사를 정리한 최초의 학자였습니다. 140억 년이나 되는 우주의 역사에서 인간이 어떤 부분을 차지하는지를 설명해주는 아주 새로운 관점을 제시한 것입니다.

찰스 다윈Charles Robert Darwin *의 진화론은 우리가 생각하는 것보다 그리 오래되지 않았습니다. 진화 이야기를 정리한 것은 테야르가 처음이었지요. 테야르는 고생물학자로서 오랜 시간에 걸쳐 진화를 연구했기에 과학적 시각을 자신의 종교적 신념과 새롭게 결합할 수 있었습니다.

저는 테야르의 이론 중 네 가지의 개념을 강조하고 싶습니다. 이 이론들은 저의 책 『우주 속으로 걷다』에서도 설명한 내용이며, 유교 사상과도 일맥상통하는 부분이 있습니다. 테야르의 첫 번째 개념은 기독교와 유교에서 공통으로 말하고 있는 '우주로의 지향성'입니다. 두 번째는 '지구에 뿌리내리기'이며, 세 번째는 '패턴에 참여하기' 그리고 네 번째는 '실천 속의 변화'입니다.

먼저 기독교와 유교에서도 공통으로 주장하는 '우주로의 지향성'은 '우주의 기원론'이라고도 할 수 있습니다. 우주에서 진행되는 생성과 진화를 논하는 이론입니다. 『우주 속으로 걷다』에서 소개한 테야르의 우주 기원론에 따르면 인류는 광활하고 진화하는 우주 안에 살고 있습니다. 그냥 우주 안에 사는 것이 아니라 계속해서 진화하는 우주에 속해 있다는 것이 테야르가 발견한 핵심 개념입니다.

테야르는 우주의 진화가 우리의 의식을 크게 변화시키고 새로운 차원의 인식을 갖게 한다고 생각했습니다. 우리 시대에 우주의 진화를 인식하게 된다는 것은 어떤 사실 하나를 발견하는 것과는 차원이 다른 이야기입니다. 그 사실이 아무리 엄청난 것이라도 말이지요. 그것은 어린아이가 처음으로 어떤 관점을 갖게 될 때와 같은 완전히 새로운 차원입니다.

우주의 진화는 단순한 가설이 아닙니다. 이것이 바탕이 되어야 모든 경험이 가능합니다. 현대적인 정신과 마음으로 우주의 진화를 이해하는 것은 어려운 일일 수도 있습니다. 변화하는 우주 안에서 우리의 위치를 이해해야 하기 때문입니다.

테야르는 현대 과학의 주장과는 달리 우주가 목적을 가지고 유기적인 진화를 하고 있다고 강조합니다. 마치 생명의 나무처럼 더 큰 목적을 향해 나아가는 중이라는 것이지요. 테야르는 이에 대해 다음과 같이 기술합니다.

▪ 1809~1882, 생물은 모두 불변한 것이 아닌 변화 발달(진화)한다는 생물진화론을 주장한 영국의 생물학자다.

세계는 하나의 건물이다. 과학과 철학, 종교의 모든 가르침을 깊이 따져보면 세계는 인위적으로 연결된 여러 요소의 집합이 아니라 발전적인 움직임으로 자신에게 필요한 생명력을 만들어나가는 유기체라는 사실을 알 수 있다. 그러므로 생명의 잉태와 탄생으로 우주를 가장 잘 설명할 수 있다. 우리는 꽃다발에 들어가는 잘린 꽃이 아니다. 거대한 나무의 잎과 싹이며, 모든 것은 전체의 이익을 위한 최선의 시간과 장소에 맞춰 탄생된다.

심연의 시간과 광활한 공간은 생명의 '잉태와 탄생'이라는 비유를 통해 이해할 수 있습니다. 인간의 기원이 우주라는 현실을 완전히 인식하는 데는 수십 년을 넘어 수백 년이 걸릴 것입니다. 우리는 이제야 진화론의 의미를 이해하기 시작했습니다.

150년 전 다윈이 제시한 혁명은 아직도 인간의 의식을 향해 달려오고 있는 중입니다. 테야르의 놀라운 통찰이 바로 이것입니다. 우주가 점점 더 복잡해지면서 의식적으로 인간을 탄생시켰다면, 그렇게 되기까지 얼마나 오랜 시간이 걸렸겠느냐 하는 것입니다. 인간은 140억 년에 걸쳐 진행 중인 우주의 이 어마어마한 여정의 일부분입니다.

우주로의 지향성은 곧 인간 정체성의 기초입니다. 고유의 의식을 가진 인간은 우주가 진화하는 과정의 주변부에 머무르지 않습니다. 인간은 우주의 진화 과정에서 탄생한 중심적인 존재이며, 우주의 미래에 대한 책임을 가지고 있습니다. 유교에서 말하듯이 인간은 하늘과 땅의 마음이자 심장입니다. 하늘과 땅을 의식적으로 자각하는 존재이지요. 여기서 하늘은 우주를 말하며, 땅은 자연의 다산성을 의미합니다.

『우주 속으로 걷다』에서는 우주 기원론을 더 깊이 파헤쳤습니다. 이렇게 엄청난 과정이 140억 년 전에 어떻게 처음 발생했는지를 살펴보면, 초기 우주의 팽창 속도가 너무 빠르지도 느리지도 않았다는 것이 얼마나 놀라운 일인지 생각해볼 수 있습니다. 우주의 팽창 속도가 더 빠르거나 느렸다면 아무것도 탄생하지 않았을 테니까요.

우주의 진화 과정에서 생명을 탄생시키기 위해 얼마나 공을 들였는지를 살펴보면 경이로움을 느낄 수밖에 없습니다. 우주의 역사와 광활한 크기, 팽창 속도가 밝혀진 것은 불과 수십 년 전입니다. 프린스턴대학교를 비롯한 여러 대학의 우주 물리학자들의 연구 덕분이었지요.

저는 우주 진화 과정에 대한 이러한 발견으로 말미암아 인간이 스스로를 추상적인 과학 개념이 아닌 우주 안에서 현실을 살아가는 존재로 이해하기를 바랍니다. 또한 인간이 그러한 우주의 진화 과정 안에서 탄생했기에 우주의 배경은 결코 단순하지 않으며, 지구 또한 그저 플랫폼에 불과하지는 않습니다.

우리의 삶은 우주의 진화 과정과 맞물려 있고, 인간은 우주의 기원이라는 대서사적인 과정에 참여하는 존재입니다. 따라서 우리는 중요한 역할을 맡고 있으며, 그러한 대서사적 맥락 안에서 스스로를 발견할 수 있습니다.

인간의 개별적이고 집단적인 삶의 여정은 우주의 진화 과정과 그 궤를 나란히 합니다. 우리는 시간과 공간의 심연 속에서 태어났습니다. 진화하는 우주의 과정 속에서 인간도 큰 역할을 하고 있다는 새로운 차원의 인식을 갖는 것이 오늘날 우리에게 주어진 가장 큰 과제입니다.

우주의 진화 과정에 탄생한 중심적인 존재

'우주로의 지향성'에 이어 이번에는 '지구에 뿌리내리기', 즉 우주 (사물)의 내면성에 대해 이야기해보도록 하겠습니다. 유교적인 세계관에서는 '기'라고 부르는 개념입니다. 물질 에너지를 뜻하지요. 인간이 우주의 일부분이라는 것을 이해할 때 이러한 의식은 성장합니다.

테야르는 우주에도 내면이 있다고 말합니다. 여기서 '내면'이라 함은 우리가 흔히 말하는 의식이나 영혼, 정신이기보다는 물질 에너지인 '기'가 모든 생명체 안에 존재한다는 개념입니다. 유교와 도교의 세계관에 나오는 개념이지요. 테야르는 이것에 대해 이렇게 설명합니다.

우리 내면 깊은 곳에 우리가 알아차릴 수 있는 사물의 진수가 있다는 것은 의심의 여지가 없는 사실이다. 이러한 깨달음은 자연 안에는 늘 내면이 존재해왔다는 확신을 주기에 충분하다. 우주에 있는 사물에는 내면이 있기 때문에 모든 시공간의 영역에는 이중적인 측면이 있다는 결론을 내리게 된다. 모든 것에는 외면과 내면이 있다.

다시 말해 물질은 죽어 있지 않다는 것입니다. 아무렇게나 사용되어도 좋은 무의미한 존재가 아니라는 이야기입니다. 물질에는 내면성이 있기 때문입니다. 이러한 내면성 혹은 주관성은 종교적 전통에서 영성靈性이라고 부르는 것과도 비슷하며, 과학자들은 이를 물질 에너지라고 부릅니다.

유교에서는 인간은 생명력 있고 역동적인 우주의 일원이며, '기'가 자연의 힘을 일깨워준다고 말합니다. 우리는 일출과 일몰, 나무와 꽃 등의 식물, 그리고 바다와 호수와 강의 아름다움 등을 통해 그러한 힘을 느낍니다. 동아시아에서는 태극이나 기공 등으로 '기'를 수련하기도 합니다. 한국과 중국, 일본의 한의학에서 침은 기를 원활하게 함으로써 건강을 증진시키며, 이러한 방식의 한의학은 오늘날 전 세계에 전파되어 있습니다.

우주의 이러한 창조 능력은 은하계와 별, 태양계를 탄생시켰습니다. 단세포 동물에서부터 자아 성찰을 하는 인간까지 모든 생명체 안에 배어 있는 지각력 같은 것입니다. 그렇다면 지각력은 어디에까지 미쳐 있을까요?

책을 집필하던 중 세포에 관한 파트를 쓰면서 세포생물학자에게 이에 대해 물은 적이 있습니다. 돌아온 답은 세포도 자기 안으로 침투되는 물질을 인식할 수 있는 분별력이 있다는 것이었습니다. 따라서 가장 작은 생명 단위인 세포에도 조금 다른 차원의 지각력이 있다고 볼 수 있습니다.

테야르의 세 번째 개념은 '패턴에 참여하기' 혹은 '자기조직적 역학'입니다. 패턴은 중국어로 '리理"'라고 하며, 한국어로는 '이'라고 발음하지요. 다시 말해 사물의 이치 패턴인 '이'와 사물의 동력 에너지인 '기'가 유교 전통에서 제시하는 두 가지 동력입니다. 우주의 창조력은 여러 층위로 나뉘어 있습니다. 그저 하나의 점으로 존재하는 것이 아니지요. 그리고 그 안에는 여러 가지 패턴이 존재합니다.

성리학자들은 그 패턴을 '기' 안에 들어 있는 '이'라고 이야기했습니다. 내면에 있는 패턴을 직관적으로 느끼고 이해해야 한다는 것입니다. 한자 '理'는 옥의 무늬를 의미합니다. 물질 속의 형태 같은 것이지요. 전통적인 유교 사상에서 패턴을 인식하는 것은 수양이라는 영적 행동과 인식이라는 정신적 행동을 동시에 의미합니다.

조선 시대의 위대한 성리학자 이황은 '이'를 강조한 반면, 율곡 이이는 '기'를 강조했습니다. '이'와 '기'의 관계에 대한 수많은 사상 논쟁이 있어왔고, 저 역시 일본에서 바로 이 부분에 대해 연구했습니다. 패턴과 에너지의 관계는 한때 동아시아를 휩쓸었던

▪ 만물의 이치, 원리, 질서를 말한다. 나중에 철학적 개념으로 발전해 '사물에 내재하는 원리', '우주의 근본이 되는 도리' 따위를 지칭하게 됐다. 특히 성리학에서는 사물의 질료적 측면을 '기'라 하고 원리적 측면을 '이'라 한다.

논쟁이고 한국과 중국, 일본에서 고차원적으로 논의되었습니다.

테야르도 로고스logos *와 내적 질서의 패턴에 의해 작동하는 물질의 창조력에 대해 의식하고 있었습니다. 이를 통해 도토리가 떡갈나무가 되고 씨앗이 자라 장미나무가 되는 것이지요.

이러한 내적 질서는 자기조직적인 역학으로 이해할 수 있습니다. 이 질서가 우주의 구조와 생명의 형태를 만들어낸 것입니다. 일리야 프리고진Ilya Prigogine **은 바로 이 물질 안에 있는 자기조직적 역학이라는 개념으로 노벨상을 탔습니다. 이처럼 많은 사람들이 우주의 패턴을 밝혀내는 일에 참여하고 있습니다.

우주 진화의 자기조직적 역학에 발맞출 수 있는 방법을 알아낸다면 이를 통해 모든 생명 공동체에 도움이 될 수 있을 것입니다. 이는 매우 실질적인 문제입니다. 예를 들어 어떻게 농업 시스템을 구축하고 도시를 건설할 것인지, 어떻게 대중교통을 설계하고 건물을 지을 것인지, 어떻게 신재생에너지를 발전시킬 것인지 등이 여기에 달려 있습니다.

요점은 우리가 어떻게 자연의 생태적 과정과 공생하며 문명을 번창시킬 것인가 하는 것입니다. 생태 시스템 밖에서가 아닌 그 안에서 하나가 되면서 말입니다. 신재생에너지, 생태 도시, 그린 빌딩 등이 바로 그러한 예입니다.

인간의 진정한 가치, 우주 공동의 번영

이제 마지막 개념인 '실천 속의 변화'에 대해 이야기해보겠습니다. 테야르는 이것을 "화합 혹은 인간 노력의 신격화"라고 표현합니다. 저는 이 개념을 '인仁'이라는 글자와 연결 짓고 싶습니다. '인'은 인간성과 자비, 사랑을 뜻합니다.

인간을 우주의 진화 과정과 일치시킨다는 것은 현재의 환경 파괴적인 경향에서 지구의 진화에 도움이 되는 쪽으로 돌아서는 것을 의미합니다. 여기에서 중요한 것은 이를 어떻게 실현하느냐 하는 문제입니다.

우리는 우리 스스로를 위험에 빠뜨릴 정도로 크고 복잡한 환경의 위기를 만들어냈습니다. 이제부터라도 이러한 환경 문제에 대응할 수 있는 관점이나 에너지를 만들어냄으로써 희망을 찾아야

• 파토스(pathos)와 대립하는 개념으로, 만물 사이의 질서를 구성하는 조화적이고 통일적인 원리로서의 이성을 뜻한다.

•• 1917~2003, 모스크바 태생으로 벨기에의 물리학자이자 화학자이며, 산일구조(dissipative structure), 복잡계, 비가역성에 대한 연구로 유명하다. 1977년 노벨 화학상을 받았으며, 1989년 벨기에의 국왕 보두앵 1세로부터 자작 작위를 받았다.

할 때입니다.

테야르는 늘 인간의 에너지를 활성화시켜 미래를 창조해야 한다고 역설했습니다. 특히 제2차 세계대전 이후 실존주의적 불안과 전후의 절망이 만연했던 유럽에서는 더욱 그랬습니다. 테야르가 연구했던 것처럼, 오늘날 우리도 고민해야 할 부분은 이러한 실존주의적 불안과 절망 속에서 인간이 삶의 열정을 어디서 찾아야 하느냐는 것입니다.

삶의 희망을 되살릴 수 있는 원동력을 어디서 찾을 수 있을까요? 지구의 인구가 70억 명을 넘어서고, 그에 따라 지금처럼 환경 파괴가 심각해질 것이라고는 60년 전의 테야르도 예측하지 못했을 것입니다. 이보다는 조금 더 낙관적으로 보았겠지요. 기술의 진보가 인간과 지구의 건설에 도움을 주리라고 생각했을 것입니다. 그러나 지구가 한계에 달한 지금 이러한 낙관론은 물질 성장을 제한해야 한다는 새로운 인식 안에서 바뀔 필요가 있습니다.

이제 우리는 지구의 한계를 인식하면서 생태 경제학을 발전시켜야 합니다. 인간의 행복을 측정할 때 국민총생산GNP, Gross National Product 만을 이용할 것이 아니라 부탄에서처럼 국민총행복 GNH, Gross National Happiness 지수를 함께 사용하는 것입니다. 인간 삶의 질은 물질적인 부만으로 정할 수 없습니다. 테야르의 지구를 향한 사랑과 미래에 대한 희망을 본받아 새로운 미래를 형성해야 합니다.

테야르는 사람들에게 비뚤어지거나 혐오감을 느끼거나 세상에서 떨어져나가지 말 것을 부탁했습니다. 그가 끝까지 지켰던 것은 이 세상에 대한 믿음이었습니다. 그는 인간의 생각과 행동이 화합을 이룰 때 우주의 진화 과정이 완성된다고 주장했습니다.

유교에서와 마찬가지로 테야르도 인간을 진화하는 우주의 공동 창조자로 보았습니다. 이것은 인간이 지구의 진화를 위해 노력해야 한다는 것을 알게 하는 필수적인 관점입니다. 테야르는 우리가 스스로를 우주 진화 과정의 중요한 부분으로 여겨야 한다고 충고합니다. 이러한 관념이 없다면 우리 삶의 목적이 무엇인지 묻는 질문에 답할 수 없기 때문입니다. 현대 사회에서 가장 핵심적인 질문이 바로 이것입니다. 테야르는 이렇게 질문합니다.

인생은 열린 길인가, 닫힌 골목인가?

오늘날 모든 인류는 겨우 몇 세기 전에 만들어진 이 질문과 꼭같은 고민을 하고 있습니다. 짧지만 격렬했던 몇 번의 위기를 겪으면서 인간은 스스로의 창조적인 힘과 결정적인 기능을 깨닫게 되었고, 이내 나아가야 할 길을 잃었습니다. 이제 인간은 단순한 본능이나 맹목적인 경제적 필요에 의해 자극을 받아야만 움직일 수 있습니다. 이제라도 삶을 열정적으로 사랑하는 것만이 인간을 앞으로 나아가게 하는 유일하고 중요한 근거임을 다시 깨달아야 합니다.

그렇다면 그와 같은 삶의 이유를 어디서 찾아야 할까요? 삶의 이유는 인간 현상의 내면을 들여다볼 때만 찾을 수 있습니다. 다시 한번 강조하지만 테야르의 질문은 우리 모두의 질문이기도 합니다. 삶의 의미에 관한 것이니까요. 이것에 대해 테야르는 현대적인 조건에서는 명확한 답을 찾을 수 없으며, 대신 우리 자신을 거대한 진화 과정의 일부로 인정하고 돌아볼 때 그 의미와 목적을 깨달을 수 있다고 말합니다.

인간은 자신의 운명에 걱정할 권리가 있다고 항변한다. 더군다나 대량 생산된 물질들 가운데서 외롭고 길을 잃었다고 느낄 때는 더욱더 그렇다. 하지만 자신의 운명이 자연의 운명과 연결되어 있다는 것을 발견하는 순간, 인간은 즉시 즐거운 마음으로 우주 진화를 위해 다시 노력할 것이다. 세상의 가치와 희망에 대해 의문을 품으면 인간은 비판적인 감각을 잃어버리고 정신이 병들어버린다.

테야르의 이 주장은 지금 우리가 겪고 있는 일입니다. 중국의 학생들도 같은 말을 하더군요. 미래도 확실치 않고, 나 자신이 어디에 속해 있는지도 모른 채 절망의 끝자락에 살고 있는데 그것이 무슨 의미가 있느냐고 말입니다. 이것이 바로 테야르가 강조하는 부분입니다.

세계를 완성하는 위대한 과업

이제 테야르의 결론에 대해 이야기할 차례입니다. 장재張載˙는『서명西銘』에서 "하늘이 내 아버지이고 땅이 내 어머니다. 나같이 보잘것없는 존재도 그 안에 머물 공간이 있다. 모든 사람이 나의 친지이며, 모든 동식물이 나의 친척이다. 그래서 나는 그들에게 소속감을 느낀다"라고 이야기합니다.

이는 테야르의 사상과 일맥상통합니다. 유교에서 말하는 우

˙ 1020~1077, 중국 북송의 유학자로 관학(關學)을 창시하고 신유학의 기초를 세웠다. 특히 '기' 철학의 기초를 세웠으며, 그의 '기' 사상은 화담(花潭) 서경덕(徐敬德)을 비롯한 조선조의 유학자들과 한국의 유학 사상에도 많은 영향을 끼쳤다.

주, 지구, 인간의 소속감이라는 개념이 바로 이것입니다. 끝으로 테야르는 이렇게 이야기합니다.

> 인간의 영혼은 자기가 태어나고 자란 우주에서 분리될 수 없다. 우리는 산산이 흩어져 있는 부분들을 열심히 모아야만 한다. 바다의 여러 층위에 흩어진 물질을 모으는 해초처럼, 수많은 꽃을 돌아다니며 꿀을 만드는 꿀벌처럼.

테야르가 우리에게 말하려는 것은 우리가 맡아야 할 이 시대의 '위대한 과업'입니다. 인간은 누구나 자신의 삶 속에서 완성해야 하는 과업이 있고, 그것을 위해 자신의 모든 노력을 쏟아 부어야 합니다. 이 땅에서 살아가는 동안 스스로 자신의 영혼을 만들어 나가야 합니다.

동시에 개인적인 성취를 초월하는 또 다른 과업에도 참여해야 합니다. 그것은 바로 이 세계를 완성해야 하는 과업입니다. 세계의 완성은 한 사람 한 사람의 노력에 달린 지속적인 과정입니다. 이 과정에 참여함으로써 우리는 신성한 지구 공동체의 번영에 기여하게 되며, 그것이 바로 유교의 목표이자 테야르가 지향하는 세계관입니다.

저는 유교가 여러 가지 방식으로 살아남을 것이라고 생각합니다. 반드시 기존의 제도적이고 의례적인 형태의 유교는 아닐지라도 말입니다. 이미 한국의 대학이나 학자들 그리고 한국의 젊은이들이 새로운 형태의 유교를 만들어가고 있습니다. 중요한 것은 한국에 맞는 새로운 유교가 무엇인지를 찾는 것이 과제일 것입니다. 중국이나 일본도 마찬가지일 테고요.

중국의 한 여성이 유교에 관한 책을 썼습니다. 유단이라는 이름의 이 여성은 유교학자도 전문가도 아닙니다. 그저 유교적인 삶에 대한 글을 썼을 뿐입니다. 이 책은 짧은 시간 안에 1000만 부가 팔려나갔습니다. 이처럼 우리 스스로 전통의 뿌리에 물을 주는 방법을 찾는 것, 그것이 우리의 역할이라고 생각합니다.

3. 유교, 미래를 위한 새로운 인간학

_ 뚜웨이밍

杜維明

미국 하버드대학교 중국학 종신교수 및 아시아센터 수석 연구위원, 베이징대학교 고등인문연구원장이다. 동해대학교에서 중국어 학사, 하버드대학교에서 철학 박사학위를 받았다. 미국 하버드대학교 옌칭연구소장, 연경학회장 및 예술과학아카데미 회원을 역임했다. 서구 학계에서 동아시아의 문명과 사상 연구를 주도한 대표 학자다. 저서로는 『문명들의 대화』, 『뚜웨이밍의 유학 강의』, 『유학 제3기 발전에 관한 전망』, 『우리 인간의 종교들』(공저) 등이 있다.

이제부터 여러분과 나누게 될 저의 견해들이 아직 완전히 정립된 내용이라고 할 수는 없습니다. 그러나 넓게 보면 동아시아 전통에 기반을 둔 휴머니즘이라고 말할 수 있습니다. 이것은 세상에서 가장 오래된 영적 혹은 정신적 전통의 하나인 유교로 다시 돌아가자는 이야기가 아닙니다. 단순히 오늘날의 상황을 살펴보자는 뜻도 아닙니다. 조금 더 미래 지향적인 시각으로 이 세상을 바라보자는 것이 이제부터 제가 하고자 하는 이야기입니다. 지나치게 관념론적인 이야기로 들릴 수도 있겠으나 저는 지극히 실용주의적인 주장이라고 생각합니다.

새로운 국면에 접어든 우리에게는 새로운 길과 새로운 사고방식, 새로운 윤리 그리고 새로운 우주론이 절대적으로 필요합니다. 그래야만 우리가 서로 연결되어 있음을 이해하고, 생존을 뛰어넘어 보다 번창한 미래를 맞이할 수 있으니까요. 넓은 의미에서 인간의 자기 변환이 필요하다고 할 수 있습니다.

제가 제시하는 개념들은 지극히 오래된 것으로 2000~3000년은 족히 지났을 것입니다. 하지만 이 개념들은 우리가 직면한 세계적인 상황을 이해하는 데 여전히 많은 도움이 됩니다. 여기서 제가 이야기하는 '우리'는 인간 공동체 전체를 의미합니다. 단순히 한 국가나 한 문명의 생존에 한정되지 않으며, 특정 지역이나 경제 발선 단계에 국한되지도 않습니다. 인간 공동체 전체의 생존을 의미합니다.

유교, 새로운 인간학을 제시하다

저는 유교 전통에 바탕을 둔 영적 휴머니즘을 세계적인 담론으로 제시하고자 합니다. 이러한 이야기가 언뜻 보아서는 우리가 매일 겪는 실질적인 삶과 관련이 없는 것처럼 느껴질 수 있을 것입니다. 떠오르는 경제 강국인 중국과도 어울리지 않는 주장으로 들릴 수 있겠지요. 중국을 비롯한 동아시아 국가들은 다른 현대화된 문명과 달리 독자적인 패턴을 보이니까요.

현대화는 오랫동안 한 방향을 향해 가는 것처럼 여겨졌습니다. 여러 단계를 거쳐 현대적인 발전을 거듭하면 결국은 하나의 지점으로 수렴된다는 생각에서였습니다. 그러한 믿음은 오랜 세월 동안 이어져왔습니다.

하지만 최근 들어 그러한 인식에 근본적인 변화가 생겼습니다. 현대화가 진행되면 될수록 새로운 사고방식이 필요하다는 사실을 깨닫게 된 것입니다. '우리는 누구이고, 왜 이곳에 있으며, 삶의 의미는 무엇인가? 인간은 이 땅에서 지속적으로 생존하며 번영할 수 있는가?'에 대해 새롭게 고민하기 시작한 것입니다.

현대화라는 불가피하고 압도적인 과정 안에서 무력감을 느낄 때, 우리는 이러한 근본적인 질문들을 던집니다. 우리는 갈수록 세상이 점점 더 다양하고 까다로우며 복잡하게 변해가는 것을 실감합니다. 이러한 변화 속에서 '인간이란 무엇인가'를 넘어 어떻게 해야 인간답게 살 수 있는지, 그리고 새로운 상황에 적응하려면 어떤 과정을 거쳐야 하는지를 새롭게 고민하게 되었습니다.

아마도 인류 역사를 통해서 가장 많은 영향을 끼친 이념은 서구 근대사에 등장한 계몽주의Enlightenment라고 해도 무리는 아닐 것입니다. 계몽주의는 18세기 유럽에서 발생한 사상으로, 현대 사회가 지금과 같은 모습을 갖추는 데 많은 영향을 주었습니다. 사회주의와 자본주의, 자유주의, 보수주의 등이 모두 이 계몽주의에서 파생되었습니다. 시장경제, 민주정치, 시민사회도 마찬가지입니다. 다국적 기업, 연구 중심의 대학 그리고 그 밖의 모든 근대적 기관들도 바로 계몽주의의 산물입니다.

그뿐 아니라 현대 사회가 형성되기까지 거기에는 계몽주의의 핵심 가치들이 사용되었습니다. 우리에게 친숙한 자유와 독립, 개인의 권리를 보호하기 위한 법의 절차, 인권, 개인의 존엄 등과 같은 가치들은 물론, 과학기술과 도구적 이성 등도 여기에 속합니다.

하지만 이러한 가치와 제도에 의해 형성된 세상을 보면서 우리는 이것이 얼마나 오래 유지될 수 있을지, 그 지속 가능성에 대해 걱정합니다. 또한 우리는 더 큰 맥락 안에서 우리 자신을 바라보게 되었습니다. 우리는 더 이상 좁은 틀 안에 갇혀 있지 않고 우주라는 더 큰 세상 안에서 우리의 위치를 생각하게 되었습니다.

과학기술의 발달이 그러한 사고를 가능하게 했고, 인터넷으로 인해 우리 앞에는 더 넓은 세상이 펼쳐졌습니다. 이제 이 상황을 어떻게 헤쳐나가야 하는지가 중요해졌습니다. 끊임없이 변화하는 세상 속에서 어떻게 살아가야 할지 고민하게 된 것입니다.

특히 중국에서는 오랫동안 다음과 같은 경향이 뚜렷하게 나타났습니다. 이는 중국뿐 아니라 동아시아 전체에서 나타나는 경향입니다. 그것은 바로 이미 현대화되었음에도 계속해서 현대화를 추구하며 현대적인 가치와 제도를 갖춰야 한다는 강박관념을 갖는다는 것입니다.

- 16~18세기 유럽 전역에 일어난 혁신적 사상으로 교회의 권위에 바탕을 둔 구시대의 정신적 권위와 사상적 특권과 제도에 반대해 인간적이고 합리적인 사유를 제창하고, 이성의 계몽을 통해 인간 생활의 진보와 개선을 꾀하려 했다.

하지만 서양에서는 계몽주의 사상에 의해 형성된 현대화를 비판하는 지식인들이 점점 더 늘어나고 있습니다. 예를 들어 독일의 사회과학자이자 사상가인 막스 베버Max Weber는 계몽주의를 합리화의 과정이라고 규정했습니다. 계몽주의는 모든 것을 합리화, 정량화, 수치화하며 계획적인 사고를 바탕으로 현재의 위치를 계산하고 측정하는 것입니다. 그에 따라 세상은 지극히 계량화되었고, 계량화된 사회에서는 모든 것이 수치화되고 일반화되어 개개인의 개성을 찾기 힘들어졌습니다.

먼저 인간이 우주의 지배적인 존재라는 관점에 대한 반발이 일어났습니다. 이른바 인간중심주의anthropocentrism*적인 관점은 우주의 중심인 인간이 자신의 희망과 능력에 따라 이 세상을 만들어간다는 생각입니다. 따라서 지식이 곧 힘이며, 이러한 힘이 있으면 세상을 이해하는 데서 멈추지 않고 그것을 제압하고 변화시킬 수 있다는 것입니다. 역사상 수많은 위대한 문명이 우리에게 가르쳐준 것은 인간이 이성을 지닌 특별한 존재이며, 이성으로 세상을 지배할 수 있다는 것이었습니다.

계몽주의는 종교, 특히 기독교에 대한 매우 강력한 반발에서 출발했습니다. 유일한 하나님이 존재하며 그분이 모든 것을 결정한다는 생각을 더 이상 받아들일 수 없었던 것입니다. 그러한 흐름과 함께 이때 발생한 휴머니즘의 한 축이 영성주의에 대한 반발이었습니다. 더 이상 우리를 이끌어줄 영적인 힘이 필요 없다는 것이었습니다.

또 다른 한 축은 자연주의에 대한 반발이었습니다. 인본주의자는 영성주의나 자연주의에 반대합니다. 그리고 인간은 순전히 인간의 능력으로 창조되고 변화한다고 주장합니다. 비판적인 의미에서 인간이 신의 자리를 대신하는 것입니다. 이러한 관념은 20세기 중반까지 아주 강력하게 이어졌습니다. 하지만 21세기에 들어서면서 인간은 완전히 다르게 생각하기 시작했습니다.

저는 2000년에 열린 세계경제포럼WEF, World Economic Forum에서 이 문제에 대해 토론할 기회가 있었습니다. '21세기에 종교의 의미란 무엇인가?'에 대한 논의가 이루어진 것입니다.

계몽주의 사상에 따르면 인류 역사는 종교 혹은 미신의 시대에서부터 형이상학적인 철학을 거쳐 과학의 시대로 발전했습니다.

- 인간이 우주의 중심이고 만물의 척도라는 인간 중심적 사고방식으로, 특히 서구의 근대 철학과 과학 정신에서 그 특징을 볼 수 있고 그 이후부터 현대까지 서구의 지배적 사상이 되어왔다.

일단 과학의 단계에 들어서면 영적인 영역을 걱정할 필요가 없고, 자연 앞에서 무력해할 필요도 없습니다. 세상을 우리가 원하는 대로 만들면 되니까요.

이와 같은 의식이 인간의 열정에 부채질을 해 산업화를 이루게 했습니다. 또한 강력한 자본주의적 추진력이 인간으로 하여금 세상을 이해하고, 나아가 정복하게 만들었습니다. 그로 인해 경제력을 바탕으로 진보한 인간이 다른 모든 생명체 위에 군림한다는 유물론적인 사고가 생겨났습니다. 바로 인간이 세상을 지배한다는 생각입니다.

인류의 자연환경 파괴로 지구의 환경 체계가 급격한 변화를 맞게 된 이러한 인간중심주의적인 의식은 과학자들 사이에 여전히 팽배해 있고, 심지어 종교인들조차 과학과 기술이 인류 운명의 종착역이라는 생각을 암묵적으로 받아들이고 있습니다.

오늘날 우리는 영적인 영역을 뒤로 밀어내버렸고, 자연 세계를 해석하고 측량해 결국에는 우리가 이용해야 할 개체들의 집합체로 치부하고 있습니다. 다시 말해 우리 인간들은 한편으로는 자연을 착취하면서 다른 한편으로는 영적인 힘, 특히 유일신적인 전통을 비난하고 거부해왔습니다.

하지만 오늘날 우리의 삶에서 자연과 지구와 신, 즉 영적인 영

역이 필요하다는 것은 니무도 명백한 사실입니다. 그래서 많은 이
들이 종교를 믿습니다. 더 큰 세상에 소속되어 있다는 확신이 필요
한 사람들의 수는 아주 많습니다. 과학기술의 엄청난 힘에 압도되
어 불행하다고 느끼는 사람들 또한 많습니다. 과학기술에 의해 창
조된 수많은 놀라운 발명품들을 보면서도 말입니다.

유신론 vs. 자연주의

그래서 저는 아주 단순하지만 경험적으로 꼭 필요하다고 생각하는
질문을 던지고 싶습니다. 오늘날 우리가 살고 있는 이 세상이 당면
하고 있는 가장 심각한 문제는 무엇일까요?

수십 년간 인간의 상태를 연구해온 철학자로서 말씀드리자면
우리는 지금 추상적인 생각을 하지 못하도록 강요받고 있습니다.
오직 소수의 사상가만이 그러한 문제에 대해 고민할 뿐입니다. 우
리 중 누구도 이 세계가 직면한 문제에서 벗어날 수 없습니다. 넓
은 의미에서 인류의 생명이 위험에 처해 있기 때문입니다. 이는 비
단 음식과 주거와 같은 생계 수단만을 이야기하는 것이 아닙니다.
우리가 온전히 인간다운 삶이라고 여기는 삶의 형태가 위협받고
있습니다.

그렇다면 삶이란 무엇이고, 삶의 목적은 무엇일까요? 여기에 관해서는 위대한 과학자들이 내놓은 두 가지 상반된 입장이 존재합니다.

하나는 아인슈타인Albert Einstein으로 대표되는데, 이외에도 유대인 사상가 스피노자Baruch Spinoza를 비롯해 여러 우주학자와 신학자 등이 지지한 바 있는 견해입니다. 세상은 우리가 이해하기에 너무나도 복잡하며, 유한한 인간은 이러한 이해 불가능성에서 신비감과 경외감을 느낍니다. 그래서 삶에는 목적과 의미가 있다는 것입니다.

또한 인간이 어떻게 이해하든 신, 즉 특정한 종교와 전통에서 설명하는 신이 아닐지라도 이 우주를 만든 창조주는 존재한다는 것입니다. 따라서 인간이 이 땅에 태어난 것은 의미가 있을 수밖에 없다는 주장입니다.

또 다른 입장은 물리학자 와인버그Steven Weinberg를 비롯한 수많은 과학자들의 주장입니다. 오늘날 진화론에 관해서는 '빅뱅'이 정설로 받아들여지고 있습니다. 그런데 그 빅뱅이 138억 년 전에 일어났다면 빅뱅에서 태양계의 생성까지 엄청나게 오랜 시간이 걸렸습니다. 거기서 또 지구가 탄생하고 생명체가 생겨나고 이어서 동물이 출현하고 인간이 등장하기까지 걸린 시간도 어마어마

합니다.

따라서 이렇게 엄청나게 긴 우주의 시간 안에서 보면 인간의
존재는 찰나에 불과합니다. 우주론적인 시각에서 볼 때 우리가 얼
마나 오래 존재할 수 있는지 또한 불분명합니다.

그러므로 결국 모든 것이 무의미하다는 결론에 이르게 됩니
다. 세상 모든 것은 의미 따위 없이 우연히 벌어진 일이며, 그래서
인간은 찰나를 살다 가는 존재일 뿐이고, 삶의 덧없음을 이해하기
위해 불교 교리를 믿을 필요도 없다는 주장입니다.

삶에는 목적이 있기에 의미가 있다는 아인슈타인 쪽의 주장과
달리, 이쪽에서는 삶이 무의미하다고 이야기합니다. 우주에 생명
이 탄생하기까지 걸린 길고 긴 시간에 비하면 너무나도 찰나적인
짧은 시간이라 무엇을 기대할 수도 없기 때문이며, 또한 인간은 언
젠가 다른 종으로 진화할 터이기에 인류 자체가 무의미하다는 것
입니다.

이 두 가지 각각의 입장은 유신론과 자연주의라고 할 수 있으
며, 이에 대해서는 과학자와 종교학자 사이에서도 의견이 거의 반
반으로 나뉩니다. 저는 와인버그의 자연주의보다는, 삶에는 의미
가 있다는 아인슈타인 쪽의 주장을 지지합니다.

인간 존재에는 고유한 가치가 있습니다. 이 가치는 과학적으

로 입증되지도 않았고, 입증할 방법도 없습니다. 또한 경험적으로 증명할 수도 없습니다. 이 주장이 사실이라는 점을 확실하게 밝혀 줄 만한 과학적 이론이 없기 때문입니다.

그래서 이것은 오히려 믿음에 가깝습니다. 인간의 고유한 의미를 믿고, 자연의 고유한 가치를 믿는 것입니다. 믿음을 갖고 살면서 인간의 참된 의미를 찾기 위해 조금 더 모험을 해보는 것입니다. 그럼으로써 개인 존재의 의미뿐 아니라 인류 전체의 의미를 찾게 되고, 그것이 바로 영적 휴머니즘을 위한 첫걸음입니다.

제가 말하는 영적 휴머니즘은 자연주의적이거나 세속적인 휴머니즘이 아닙니다. 인간의 중요성과 초월자의 가치를 무시하는 휴머니즘도 아닙니다. 이것은 인간의 고유한 의미와 자연의 고유한 가치를 믿는 휴머니즘입니다. 따라서 특정한 맥락 안에서 인간이 수행해야 할 특별한 역할이 있다고 믿는 것입니다.

여러분이 이러한 의미의 휴머니스트라면, 곧 자연주의자도 될 수 있습니다. 인간의 이성이 이해할 수 있는 한도 내에서 과학 이론을 믿기 때문입니다. 빅뱅 이후 진화한 인간이 탄생하기까지 오랜 시간이 걸렸다는 사실은 얼마든지 인정할 수 있습니다. 하지만 그것이 유일한 답이라고 결론짓지는 않겠다는 것입니다. 그 안에 더 큰 의미가 숨어 있을 수 있으니까요.

인간과 자연의 새로운 비전, 연대

지금은 인적 자원과 영적 자원 등을 가리지 않고 우리에게 가용한 자원이 무엇인지 심각하게 고민해야 할 때입니다. 21세기를 살아가는 인간이 어떤 자원을 활용할 수 있는지 폭넓게 생각해야 합니다. 이것은 철학자에게만 국한된 고민이 아닙니다. 어떤 식으로 사고하고 존재의 의미를 찾을 것인지에 대해서는 우리 모두가 함께 고민해야 합니다.

그러므로 자신이 기독교인이라고 해서 반드시 '난 창조주 하나님을 믿고, 성육신과 삼위일체를 믿어. 그런데 내가 어떻게 인간의 진화라는 과학 이론을 믿을 수가 있어?'라고 생각할 필요는 없습니다.

기독교인이라고 해서 휴머니즘 사상을 거부할 필요는 없다는 이야기입니다. 휴머니즘은 신의 존재와 인간에 대한 성경적인 해석과 같은 기독교의 기본 신앙을 위협하지 않습니다. 휴머니즘의 바탕은 모든 영적 전통에 대한 존중이기 때문입니다.

21세기에 들어서 모든 영적·종교적 전통은 근본적인 전환을 맞이할 수밖에 없게 되었습니다. 그래야만 기독교나 이슬람교, 불교 같은 자신의 신앙을 지킬 수 있으니까요. 21세기를 살아가는 우리는 누구나 세계시민이고, 이는 피할 수 없는 운명이기 때문입니다.

또한 우리 주변의 좋은 이웃이나 좋은 친구들 혹은 인간 복지를 위해 크게 기여하는 사람들이 모두 기독교인은 아니기 때문입니다. 이슬람교나 불교 등 다른 종교를 믿는 이들도 있으니까요.

제가 굉장히 중요하게 생각하는 또 다른 문제가 있습니다. 상당수의 학자들의 의견을 들어보면 한국의 지성인들은 생태 문제를 심각하게 여기지 않는다고 합니다.

하지만 생태학을 막연하게만 생각해서는 안 됩니다. 이는 모두에게 매우 중대한 문제이기 때문입니다. 제가 파리기후변화협정 Paris Climate Change Accord 당사국 총회에 참석했을 때 모든 이들이 동의한 내용이 있습니다.

환경 문제는 나의 문제 혹은 너의 문제가 아닌 우리 모두의 문제라는 것입니다. 우리가 숨 쉬는 공기, 우리가 먹는 음식, 우리가 살아가는 지구이기 때문입니다.

1968년 12월, 아폴로 8호가 달에 착륙했고 우리는 인류 역사상 최초로 맨눈으로 지구의 모습을 똑똑히 보게 되었습니다. 우주비행사의 시점에서 말이지요.

그때부터 과학자들은 지구를 본 것에서 그치지 않고, 이를 측량하고 무게를 재고 수치화했습니다. 이로써 우리는 지구의 정확한 크기와 사용 가능한 광물의 종류를 알게 되었습니다. 지구의 토양과 물은 물론, 이들의 오염 정도도 알게 되었지요. 뿐만 아니라 공기, 즉 대기의 두께도 알게 되었습니다. 인류 역사상 최초로 헤겔이나 칸트, 플라톤, 공자 등 종교, 정치, 사회 각 분야의 지도자들뿐만 아니라 약간의 관찰력을 지닌 평범한 일반인들도 우리가 세계의 일부라는 사실을 깨닫게 된 것입니다.

이제 기독교인들은 세상을 두 층으로 나눌 수 없게 되었습니다. 예전에는 하나님의 왕국과 예수님이 있는 지상 세계를 나누어서 생각했습니다. 그러나 이제는 기독교의 리더들도 생각을 크게 바꾸었고, 교황조차 지구를 아껴야 한다고 주장합니다. 이처럼 지구를 아끼고 보호해야 한다는 새로운 의식이 모든 이들에게 생겨나고 있습니다.

그러므로 지구시민의 한 사람으로서 공기나 물을 오염시키자고 하는 신학자의 주장에 얼마든지 반대할 수 있습니다. 하나님의 세상이 아니니 오염시키자는 말을 따라서는 안 되는 것이지요.

불교에서는 이 세상이 먼지에 불과하다고 폄하하지 않습니다. 모든 것이 결국은 사라질 터이니 아껴 쓸 필요가 없다고 주장하지도 않지요.

불교에서도 가장 강력하며 설득력 있는 메시지를 던져주는 사람들은 휴머니즘적인 불교를 믿습니다. 이들은 세상을 저버리지 않고 오히려 세상과 관계를 맺습니다. 자신의 마음속 정결을 추구하지만 동시에 다른 사람들을 걱정합니다. 아이들을 걱정하고, 미래를 걱정하고, 물과 공기를 걱정하지요.

그러한 의미에서 우리는 인간중심주의적인 생각 너머에 더욱 중요한 것들이 있다는 사실을 점점 더 받아들이고 있습니다. 우리 존재의 핵심인 '소중한' 지구 말입니다. 소중한 지구라는 개념으로 우리는 인간중심주의를 뛰어넘을 수 있습니다. 인간은 우주의 중심이 아닙니다. 우리에게는 다른 모든 생명체들을 감당할 능력이 없습니다.

인간에게 다른 생명을 지배할 권리가 있다는 생각은 창세기에 대한 오해에서 비롯되었습니다. 이제 지각 있는 신학자들은 성경에서 말하는 다스림이 지배를 뜻하지 않는다고 주장합니다. 오히려 돌보아주어야 할 책임을 뜻하지요. 불교나 이슬람교, 힌두교 지도자들도 같은 말을 합니다.

따라서 우리는 기독교인이면서 동시에 휴머니스트일 수 있습니다. 특히나 그 휴머니즘이 인간의 한계를 강조하는 휴머니즘이라면 더더욱 그렇습니다. 우리는 연대감이라는 이 새로운 비전 앞에서 겸손해질 수밖에 없습니다.

세상에 존재하는 네 가지 차원

그러나 여기서 또 다른 근본적인 질문이 발생합니다. 지구는 단순히 세속적이기만 할까요? 그 안에 신성한 부분은 없을까요? 아름다운 자연 풍경 같은 것들도 그저 우리가 이용해야 할 세속적인 것에 불과할까요? 자연과의 일체감을 우리 존재의 신비로운 부분으로 인정할 수는 없을까요? 지구에 고유한 가치가 있는지, 그리고 우리는 그 가치에 어떻게 연결될 수 있는지 스스로 질문해보아야 합니다.

이제 영성과 자연 세계는 더 이상 분리된 영역이 아닙니다. 영적인 것과 세속적인 것 중에 선택할 필요가 없습니다. 둘 다 필요하니까요. 인간으로서 우리는 육신을 가지고 이 세상을 살아가며, 육신은 생존을 위한 충분한 영양소를 필요로 합니다. 그러므로 육신이 영혼의 일시적인 거처라는 생각은 잘못된 것입니다. 육신을 괴롭히고 포기해야만 영혼이 순수해진다는 개념은 반드시 재검토되어야 합니다.

지구를 존중하는 것만큼 우리의 몸도 존중해야 합니다. 몸의 생리 작용도 마찬가지입니다. 물론 육신의 욕구가 지나쳐서 정신이 균형을 잃으면 더 큰 위험에 처하게 되겠지요. 몸은 신성한 그릇이며, 몸이 있기에 우리는 자기 자신을 인식할 수 있습니다.

기독교에도 이와 같은 개념이 있습니다. 영혼이 육화된 것이 바로 육체라는 이야기입니다. 그래서 영혼의 매개물인 우리의 몸을 귀하게 여겨야 하는 것입니다. 이러한 휴머니즘적인 시각은 기독교나 불교, 이슬람교, 힌두교 등의 신앙과 절대 상충하지 않습니다. 다른 말로 하면 우리는 세계시민이며, 우리와 긴밀히 연결된 지구를 아껴야만 한다는 것입니다.

저의 논리를 따라오다 보면 인간을 이해하기 위한 필수적인 요소가 무엇일지 궁금해질 것입니다. 인간은 과연 무엇일까요? 어려운 개념이기는 하지만 이 세상에는 네 가지 차원이 존재합니다. 개인과 공동체, 지구 그리고 하늘입니다.

유학은 자아를 찾는 학문입니다. 단순한 지식의 습득이나 기술의 체계화가 아니라 인격을 수련하며 내면의 힘을 단련하는 과정입니다. 다시 말해 인간이 인간다워지는 법을 배우는 것입니다. 다른 동물들에게서는 볼 수 없는 모습이지요. 물론 개나 고양이도 학습을 합니다.

하지만 인간은 인격을 다듬기 위해 학습하고, 이렇게 해서 얻은 자기 자신에 대한 지식을 행동으로 옮깁니다. 따라서 인간은 단순한 객체가 아니라 기꺼이 자기 자신을 변화시킬 수 있는 주체적인 존재입니다.

자아를 추구하는 학문은 자기수양과 자아실현을 통해 진정한 인간이 되기 위한 끊임없는 정화 과정이라고 할 수 있습니다. 자아는 역동적이고 변화무쌍합니다. 끊임없이 재현되고 계속해서 새로워지는 과정입니다.

철학자들뿐만 아니라 우리도 같은 생각을 합니다. 매일 아침 일어나면 새로운 하루가 시작되고, 우리는 날마다 '오늘은 의미 있는 날이 될까, 고통스러운 날이 될까. 오늘 하는 일에서 약간의 의미라도 찾는다면 이날을 계속해서 기억할 텐데'라며 스스로에게 질문합니다.

개인이 무언가 변화를 일으키는 행동을 하려면 육체와 마음, 정신이 모두 연결되어야 합니다. 이는 아주 복합적인 층위이자 복잡한 배움의 과정이지요. 과학과 기술이 발달하면서, 특히 정보 기술의 발달로 우리는 바깥세상과 즉각적으로 연결될 수 있습니다. 그에 따라 끊임없이 새로워지는 자아의 역동적인 변화 과정은 갈수록 시험받는 동시에 더욱 의미 있는 일이 되었습니다.

우리는 더 많이 배울수록 아직 배울 것이 많다는 사실을 깨닫습니다. 더 많이 깨달을수록 더 많은 지식이 필요하며, 그럼에도 불구하고 영영 알 수 없는 지식도 있다는 것을 인식하게 되는 것이지요.

따라서 우리는 겸손해야 하고, 함께 성장해가는 다른 이들과 파트너로서의 관계를 맺어야 합니다. 우리는 결코 고립된 개체가 아닙니다. 그러니 스스로를 고립된 섬으로 생각하지 마십시오. 자아는 언제나 물줄기처럼 유동적이며, 흘러가다 보면 다른 물줄기들과 만나게 되어 있습니다. 그리고 그러한 소통으로 인해 우리는 더욱 확대될 수 있습니다.

우리는 자기 자신을 스스로 고립시키는 외톨이가 아니라 행동으로 변화를 불러일으키는 주체입니다. 우리가 속한 공동체는 가족이나 동네, 회사나 학교 등 다양합니다. 외부 세력에 대항해 혼자 싸우는 것이 아니라 공동체와 유익한 교류를 나누는 것이 인간 존재의 참모습입니다. 늘 다른 존재와 소통하며 타인을 자신을 비추는 거울로 삼으면 자기 이해도가 더욱 높아집니다.

인간은 다른 존재들과 달리 관계 지향적이고 사회적이며 정치적인 동시에 역사적이고 또한 감정적입니다. 현재의 우리 모습을 형성하는 데는 여러 불특정한 힘이 작용했으며, 우리는 타인과의 관계 속에서 자신을 바라보게 됩니다.

우리가 타인과 맺는 여러 관계 중 인류 공동체 전체로 보았을 때 가장 위대한 것은 지구와의 관계입니다. 지구는 객체들의 집합이 아니라 우리의 동반자이자 단결된 주체입니다. 타자로서의 지구와 의미 있는 관계를 맺으면 인간 존재의 의미와 자연의 고유한 가치를 확신할 수 있습니다.

하늘이란 기독교의 하나님이나 힌두교의 브라만, 유대교의 여호와, 심지어 그리스 철학의 로고스와도 상통합니다. 하늘은 인간 이성의 이해를 뛰어넘는 고차원적인 신비입니다. 이러한 차원을 이해하는 특별한 방법이 하나 있습니다. 하늘은 공간을 초월하고 전지적인 존재이지만 반드시 전능하지는 않다고 보는 것입니다. 하늘은 어디에나 있고 모든 것을 알지만 그렇다고 모든 것을 우리의 뜻대로 변화시켜줄 만한 힘은 가지고 있지 않다는 것이지요.

공동 창조자로서의 참여와 책임 의식

그렇다면 다시 인간은 무엇인가에 대한 이야기로 돌아가겠습니다. 여기서 인간은 관찰자입니다. 우리는 자연을 관찰하고, 이 세상을 관찰하며 심지어 영혼이나 신도 관찰합니다. 또한 인간은 감상자입니다. 차가운 이성과 계산적인 마음으로 관찰만 하지 않고 자연의 아름다움과 그 이치의 우아함을 감상한다는 것입니다.

또한 인간은 관찰자이자 감상자인 동시에 참여자입니다. 우주적인 과정에 참여하고 있으니까요. 그러니 우리는 적극적인 참여자입니다. 오늘날에는 인간이 진화의 결과물만은 아니라는 개념이 잘 정립되어 있습니다. 적극적으로 진화 과정에 참여하는 존재라는 것입니다.

하지만 불행히도 그러한 적극성이 부정적인 결과를 몰고 왔습니다. 그래서 진화가 아닌 퇴화가 일어난 것입니다. 우리는 인간 세상뿐만 아니라 자연의 흐름까지도 파괴했습니다. 창조하는 것은 하늘이지만 그 과정에서 진화의 완성을 돕는 것은 인간입니다. 이 것이 바로 참여자로서의 인간의 역할입니다.

신학적으로는 부정확하지만 저는 인간을 진화 과정에 참여하는 공동 창조자라고 부릅니다. 중국에서는 유교가 성립되기 훨씬 이전에 '하늘이 시작한 일을 인간이 완성한다'는 사상이 있었습니다. 세상에 존재하는 여러 가지 힘들을 이용해 인간이 건설해나가는 것입니다.

이처럼 우리가 발전시키고자 하는 휴머니즘은 인간성의 표현이면서 인간을 초월한 우주적인 과정에 뿌리를 내리고 있습니다. 그래서 인간은 자신을 참여자로 인식해야 합니다.

『중용』을 풀어 쓴 저의 책 『중심성과 일상성 : 중용에 관한 에 세이 Centrality and Commonality: An Essay on Chung-yung』에 이러한 말이 있습니다.

惟天下至誠 爲能盡其性

能盡其性 則能盡人之性

能盡人之性 則能盡物之性

能盡物之性 則可以贊天地之化育

可以贊天地之化育 則可以與天地參矣

진심을 쏟는 사람만이 자신을 온전히 깨달을 수 있다.

자신을 온전히 깨달으면 인간 본성을 완벽히 깨달을 수 있다.

인간 본성을 완벽히 깨달으면 사물의 본성을 완벽히 깨달을 수 있다.

사물의 본성을 완벽히 깨달으면 하늘과 땅의 양육과 재배 과정을 전부 깨달을 수 있다.

하늘과 땅의 양육과 재배 과정에 참여할 수 있으면 하늘과 땅 그리고 인간의 삼위일체를 이룰 수 있다.

여기서 땅은 지구이고, 하늘은 신, 즉 삶의 궁극적인 의미라고 할 수 있습니다. 인간이 중재자로서 세상을 바꾸는 역할을 할 수 있다는 것입니다. 그래서 인간은 늘 초월자의 존재를 존중해왔습니다.

중국에 대홍수에 관한 전설이 하나 있습니다. 기독교에 대홍수가 났을 때 방주를 만들어 살아남은 노아의 이야기가 있는 것처럼, 중국 고전에는 우왕禹王의 이야기가 있습니다.

우왕은 현명한 통치자였습니다. 대홍수가 나자 그는 직접 해결 방법을 고안해냈습니다. 그의 아버지는 댐을 만들어 홍수를 막으려 했지만 오히려 댐이 터져 상황이 더 악화되었습니다. 그러자 우왕은 먼저 인간의 이성을 발휘합니다. 관찰을 한 것이지요. 지형을 관찰하고, 물의 흐름을 관찰해 물난리가 걷잡을 수 없이 커지게 된 원인을 판단했습니다. 이것이 바로 과학적인 관찰입니다.

그리고 그는 강력한 통솔력을 발휘해 30만 명 이상의 인부를 작업에 투입시켰습니다. 자신이 먼저 희생하는 리더십으로 사람들을 감화시켰고, 자신을 따르는 사람들에게 모범을 보였습니다. 그렇게 13년을 노력한 결과 관개 시설을 설립할 수 있었습니다.

그러나 이 이야기를 잘못 해석하면 자칫 지진이나 허리케인, 홍수 같은 자연재해는 생기게 마련이지만 인간은 그러한 일로 멸망하지 않는다고 자만할 수 있습니다. 자연재해는 인간을 파멸시킬 수 없다는 오래된 확신이지요. 인간을 멸망시키는 것은 오직 인간으로 인한 재앙뿐이라는 것입니다.

하늘은 질서를 추구하지만 자연 과정에서 일이 잘못될 수도 있습니다. 그것을 바로잡는 것은 인간의 책임입니다. 인간의 우둔함이나 질투, 교만 같은 부정적인 감정으로 인해 환경은 자기파괴적인 길로 들어섰습니다. 사람들은 신에게 도움을 구합니다. 그러나 무의미한 일입니다. 아무도 우리를 도울 수 없습니다. 이것은 오로지 인간의 책임입니다.

21세기 인간이 갖춰야 할 새로운 시각

그렇기 때문에 21세기의 인간은 미래 지향적인 새로운 시각을 가져야만 합니다. 우리 모두가 새로운 사고방식과 새로운 학문의 탄생에 기여해야만 합니다. 이 새로운 사고방식에는 서로 불가분의 관계인 앞서 말한 네 가지 차원이 모두 포함되어야 합니다.

하나는 개인입니다. 고립된 개인이 아니라 '나와 너'입니다. 서로 소통하는 시스템 안에서 개방적이고 다원적이며 변화할 수 있는 개인이어야 합니다. 그래서 개인과 공동체 사이에는 의미 있는 교류가 이루어져야 합니다. 또한 인류 전체는 자연과 지속 가능한 조화로운 관계를 발전시켜나가야 합니다. 완전한 타인을 우리의 일부로 받아들이는 것입니다.

동시에 우리는 하늘을 향한 경외심을 키워야 합니다. 영적인 휴머니스트이면서 동시에 기독교인이라면 또는 불교인이나 힌두교도, 이슬람교도, 유대인이라면 새로운 영적 언어를 만들 필요가 있습니다.

자발적으로 기독교인이 되는 사람들이 있고, 기독교적 인간 혹은 불교적 인간이 되기로 마음먹는 사람들도 있습니다. 그것은 얼마든지 인간이 선택할 수 있는 일입니다. 하지만 인간이 되는 일은 선택의 문제가 아닙니다. 더욱이 21세기를 사는 인간에게는 단순히 영적 전통을 따르는 것 이상의 책임이 요구됩니다.

세계시민으로서의 의식을 가져야 합니다. 우리는 더 이상 공기를 오염시켜서는 안 됩니다. 다른 종교를 부정하거나 무시하는 일도 그만두어야 합니다. 유신론을 비판해서는 안 되며, 다원주의적 사상을 신성하지 않다고 비난해서도 안 됩니다.

우리 모두는 마음을 열고 세상을 향해 나아가야 합니다. 인간의 존재 의미가 무엇이고, 자연의 고유한 가치가 무엇인지 생각하면서 삶에서 일어나는 특수한 상황에 어떻게 반응해야 할지 스스로에게 물어야 합니다.

물론 유교적인 시각은 굉장히 제한적이고 또 전통에 매여 있습니다. 요즘 한국 젊은이들에게 유교가 크게 관심을 받지 못하고 있다는 것을 잘 알고 있습니다. 권위주의적이고 비민주적이며 복종을 강요하니까요. 또한 지나치게 전통과 관습을 강조하고 과거의 방식을 고집하며, 과학이나 민주주의와 시장경제에 대한 이해가 부족하다는 단점도 있습니다. 그러한 한계는 저도 인정합니다.

하지만 중국에서는 3세대에 걸쳐 훌륭한 유교학자들이 유교 전통을 되살리는 동시에 이를 비판적으로 변화시키고 있습니다. 그래서 중국에서의 유교는 더 이상 전근대적이고 봉건적인 사상에 머물러 있지 않습니다.

이러한 움직임은 중국 본토뿐 아니라 대만, 홍콩, 마카오, 싱가포르 등 아시아의 화교 사회 전반에 걸쳐 나타나고 있습니다. 미래 지향적인 시각으로 전통을 회복하면서 개선할 점을 수정해나가며 새롭게 부활시키는 것입니다.

영적 휴머니즘으로서의 유교 전통이 오늘날 인류가 직면한 문제들을 다루지 않는다면 중국뿐 아니라 한국과 일본, 유럽, 미국, 아프리카 등 전 세계에서 유교에 관심을 둘 이유는 없을 것입니다. 여러분과 저 자신에게 묻고 싶은 것은 영적 휴머니즘을 공유할 수 있느냐 하는 문제입니다. 영적 휴머니즘을 다른 문화권과 공유한다면 과연 그곳에서 받아들여질까요?

저는 지난 40여 년 동안 여러 종교 간의 대화를 이끌어왔습니다. 특히 기독교인들을 많이 만나왔지요. 제가 기독교의 예를 많이 드는 것은 기독교학자들에게 진 빚이 많아서입니다. 덕분에 유교 전통과는 다른 기독교의 영적 차원을 이해할 수 있었으니까요. 하지만 불교와 이슬람교, 유대교, 힌두교 전통은 물론이고 여러 토착 문화에서도 많은 것을 배웠습니다. 그리고 지금은 지적 전통에 바탕을 둔 세계적인 담론, 즉 새로운 종류의 휴머니즘이 부상하고 있습니다. 이 휴머니즘은 다음과 같은 부분을 제시할 수 있어야 할 것입니다.

우선 인간 스스로 경제적, 정치적, 사회적으로 발전하고 수련하는 데 도움이 되어야 합니다. 이를 통해 자아실현을 이룰 수 있어야 하지요. 그리고 개인의 자아실현은 다른 사람들의 자아실현과 조화를 이루어야 합니다. 가족과 이웃, 같은 국민뿐 아니라 더 많은 이들과 관련을 맺어야 합니다.

또한 다양한 인간 공동체가 세계적인 문제, 특히 기후 변화 문제에 대처하는 데 도움이 되어야 합니다. 다원주의적이고 다중적이며 다차원적으로 변해가는 세상을 인정하면서 모든 종교인이 자신의 신앙을 진심으로 믿을 수 있어야 합니다.

하지만 절대 다른 영적 전통을 모욕하거나 무시할 권리는 누구에게도 없습니다. 그러기 위해서는 우리 모두 열린 마음을 가져야 합니다.

영적 휴머니즘의 가치, 인간성

끝으로 한 가지만 더 제시하겠습니다. 영적 휴머니즘 전통에서 가장 강조하는 가치는 '인간성'입니다. 중국어로는 '인仁'이며, '인'은 유교를 체계화한 공자의 중심 사상입니다. '인'은 동정이나 공감, 연민 등을 뜻하며, 다른 사람을 나의 일부로 여기는 의식입니다.

나는 혼자가 아니라 많은 이들과 함께하며, 이 세상에는 우리 말고도 다른 집단이 존재한다는 사실을 인정하는 것입니다. 우리는 종종 타인은 나와 관계없는 세상의 일부라고 여기고, 심지어는 지구조차 별개라고 느끼기 때문입니다.

저는 중국 송나라의 사상가 장재의 『서명』에 담긴 이 말을 특히 좋아합니다.

하늘이 나의 아버지고 땅이 나의 어머니다.
나같이 보잘것없는 존재도 하늘과 땅 사이에서 친밀감을 느낄 수 있다.
나는 온몸으로 우주를 느끼며, 우주가 나의 본성이다.
인간의 본성은 하늘에서부터 왔기에 하늘의 본성이 나의 본성이다.
모든 사람이 나의 형제자매며, 모든 사물이 나의 동반자다.

얼핏 보면 굉장히 로맨틱하고 좋은 말입니다. 그런데 중요한 것은 이를 어떻게 실천하느냐 하는 것입니다. 이러한 장재의 말은 테러리즘이 세계를 위협하는 오늘날, 단순한 충격을 넘어 심각하게 생각해야 할 중요한 문제를 제시합니다.

오늘날의 테러는 광범위한 지역에서 일어나며 테러범은 정치적 목적을 달성하기 위해 자신의 육체, 즉 생명을 무기로 바칩니다. 이는 전례가 없는 일입니다. 예전에는 적들도 자신의 목숨은 소중하게 여겼습니다. 그래서 생명이 위협당하면 계획을 실천하지 못했지요. 하지만 요즘 테러범들은 아예 처음부터 자살 테러를 감행하도록 훈련받습니다.

부분적인 면에서 본다면 목숨을 내놓는 테러범들의 자세에서 어떤 가치를 발견할 수 있을지도 모릅니다. 그들은 우선 용기가 있고, 모든 것을 계산한다는 의미에서 합리성도 있습니다. 또한 희생과 순수한 열정도 있습니다. 이러한 것들이야말로 테러범들에게는 엄청난 헌신이자 책임의 이행입니다. 이렇게 지극히 한정된 의미에서 본다면 그들은 자신들의 행위를 정의를 위한 싸움이라고 여길 것입니다.

그러나 그들에게는 영적 휴머니즘의 핵심이 되는 한 가지 의식이 부족합니다. 바로 다른 사람을 생각하는 동정심입니다. 그래서 나와 다른 사람들이나 더 큰 세상을 돌아보지 못하는 것입니다. 작은 대상을 향한 집착에 사로잡히면 그 대상은 나에게 독이 됩니다. 테러범들이 계속해서 그러한 사고방식을 교육받는다면 인류의 생존에 엄청난 위협이 될 수밖에 없습니다.

이러한 집착과 유사한 것으로 과도한 개인주의, 상업주의, 물질주의를 들 수 있습니다. 탐욕과 자존심을 과도하게 찬양하는 행위도 마찬가지입니다. 우리는 지금 전환점에 서 있습니다. 불필요한 전쟁을 치르고, 정권을 바꾼다고 해서 변화가 일어나지는 않습니다. 우리 모두가 스스로 마음과 정신을 바꾸어야만 합니다.

휴머니즘을 믿지 않더라도 그러한 정신에 민감해질 때 우리는 변화할 수 있습니다. 여러분 스스로 인본주의적인 휴머니즘뿐만 아니라 자연주의적이고 영적인 휴머니즘에 민감해지기를 바랍니다.

시선,
세계를
연결하다——

2부

1. 세계의 진실과 새로운 시대를 위한 질서

_ 슬라보예 지젝

Slavoj Zizek

슬로베니아 류블랴나대학교 사회과학연구소 선임 연구원 및 이론정신분석학회장이다. 류블랴나대학교에서 철학 및 사회학 학사, 철학 석사 및 박사학위를, 파리 제8대학교에서 정신분석학 박사학위를 받았다. 정신분석학에 기반한 비판 이론가로 정치 및 영화 이론, 이론정신분석학에 공헌한 세계적인 석학이다. 저서로는 「자본주의에 희망은 있는가」 「새로운 계급투쟁」 「멈춰라, 생각하라」 「HOW TO READ 라캉」 「매트릭스로 철학하기」 「삐딱하게 보기」 「나는 누구인가」(공저) 등이 있다.

먼저 오늘날 정치적 좌파의 현실은 어떤가에 대한 문제를 제기하겠습니다. 좌파는 언제나 급진적인 변화를 추구해왔습니다. 전통적으로 이러한 변화의 단계는 분노, 반란 그리고 새로운 권력으로 이어졌지요.

먼저 무질서한 '분노'는 사람들이 자신들의 불만족을 다소 폭력적인 방식으로 표출하는 것입니다. 단 이때의 특징은 분명한 목적이나 조직이 없는 상태라는 것입니다. 그리고 이러한 분노가 조직화하면 바로 '반란'이 됩니다. 이때는 최소한의 조직이 갖춰지고 적이 누구인지, 무엇을 변화시켜야 하는지가 어느 정도 구체화됩니다. 마지막으로 반란이 성공하면 '새로운 권력'으로 새 사회를 건설해야 한다는 커다란 과제에 직면하게 되는데, 바로 여기서 문제가 발생합니다.

왜 맹목적인 분노는 계속되는가?

저는 레닌Vladimir Ilich Lenin*과 트로츠키Leon Trotsky**의 일화를 늘 마음에 품고 있습니다. 10월 혁명(11월 혁명) 직전, 두 사람은 이러한 대화를 나누었습니다.

"만약 실패하면 우린 어떻게 될까?"

레닌의 물음에 트로츠키는 이렇게 답했습니다.

"우리가 성공한다면 어떻게 될까요?"

이렇게 새로운 사회가 건설된다 해도 그에 따른 또 다른 과제에 직면할 수밖에 없다는 문제는 늘 발생합니다. 영국의 유럽연합 탈퇴인 브렉시트Brexit 투표에서도 여실히 드러났지요. 적극적으로 브렉시트를 지지하는 캠페인을 벌인 사람들도 실제로 승리를 기대하지는 않았습니다. 그에 따른 또 다른 혹은 더 큰 과제에 직면할 것이 뻔하기 때문입니다.

그렇듯이 앞서 말한 대로 분노와 반란, 새로운 권력이 늘 단계별로 진행되지는 않는다는 것이 문제입니다. 분노는 종종 희석되거나 인종주의적 포퓰리즘populism으로 변질됩니다. 그리고 반란

- 1870~1924, 러시아 11월 혁명(구력 10월)의 중심인물로서 러시아파 마르크스주의를 발전시킨 혁명 이론가이자 사상가다. 무장봉기로 과도정부를 전복하고 이른바 프롤레타리아 독재를 표방하는 혁명 정권을 수립해 소련 최초의 국가 원수가 되었으며 코민테른(comintern)을 결성했다.

- 1879~1940, 러시아의 혁명가로 페트로그라드(petrograd)의 소비에트(soviet) 의장으로 있으면서 11월 혁명 당시 무장봉기에 공헌했고, 외무인민위원, 군사인민위원, 정치국원 등을 지냈다. 레닌 사후 당의 노선을 두고 스탈린(Losif Vissarionovich Stalin)과의 대립으로 추방됐다.

은 성공한다고 해도 그 열기를 잃고 여러 면에서 이익을 좇으며 현실에 영합합니다. 그래서 분노는 실패한 해방 프로젝트의 시발점일 뿐만 아니라 그 끝이자 소산물이 됩니다. 한국에서의 좌파의 상황은 잘 모르겠으나 적어도 서구에서는 이것이 기본적인 역설입니다.

몇 십 년 전만 해도 좌파는 자신들이 원하는 것이 무엇인지 분명히 아는 것처럼 굴었습니다. 사회민주주의든 공산주의든 말이지요. 마르크스의 혁명 과제를 지지하는 것과 그 과제를 위해 대중이 행동에 나서는 것은 다른 문제였습니다.

하지만 오늘날은 그 반대입니다. 엄청난 분노가 표출되는 폭력적인 시위에 유럽은 물론 다른 국가의 사람들도 동원됩니다. 그러나 이러한 현상은 좌파에게 독이 될 뿐입니다. 이러한 분노의 에너지를 목표가 뚜렷한 사회운동으로 변환시키려는 시도는 계속해서 실패하고 희석되기 때문입니다. 그래서 점점 더 큰 분노만 남게 되는 것이지요.

여기에 관한 중요한 예를 하나 들겠습니다. 기억하실지 모르겠지만 10여 년 전인 2005년에 프랑스 파리의 교외에서 젊은 이민자들을 주축으로 한 폭력 시위가 있었습니다. 차와 건물에 불을 지르는 등의 엄청난 시위였지요. 그 지역에서만 1만 대가 넘는 차가

불탔습니다.

그런데 신기한 것은 그 시위에 공통의 목표가 전혀 없었다는 점입니다. 초기에 프랑스 정부는 이 시위를 이슬람 원리주의자들의 소행으로 생각했습니다. 하지만 곧 그 판단이 틀렸다는 사실이 밝혀졌습니다. 젊은 시위자들이 이슬람 건물에도 불을 질렀기 때문입니다.

이는 우리가 공식적으로 탈이데올로기 시대에 살고 있다는 것을 여실히 보여주는 사건입니다. 더 이상 이데올로기가 유효하지 않은, 이성적이고 실용적인 세상이 된 것이지요. 그러한 탈이데올로기적인 시대이기에 사람들은 종교나 유토피아적인 목적 없이 그저 시위를 위한 시위를 합니다. 이는 이데올로기와 정치적 입장에서 크나큰 곤경이 아닐 수 없습니다.

우리가 살고 있는 세계는 스스로를 선택의 사회라고 찬양합니다. 하지만 강요된 민주적 합의는 오직 맹목적인 폭력에 의해서만 가능합니다.

앞서의 경우처럼 이렇게 분노가 표출된 극단적인 예는 다른 지역에서도 찾아볼 수 있습니다. 미국에서 흑인들이 경찰관에게 살해당한 사건을 기억하실지 모르겠습니다. 물론 그때 시위의 이유가 전혀 없었던 것은 아닙니다. 백인 경찰관이 흑인 용의자를 살해했으니까요. 하지만 이러한 시위가 일관된 정치적 항쟁으로 발전하지는 못했습니다.

오늘날 선택이라는 문제는 매우 중요합니다. 간단히 말해 현재 우리는 매우 모순적인 상황에 처해 있습니다. 우리 사회는 스스로를 전통을 넘어선 현대적인 사회라고 지칭합니다. 선택이 가능한 사회라는 것이지요. 자신의 삶과 일, 종교, 사생활 등을 마음대로 선택할 수 있기 때문입니다. 그러나 동시에 다른 선택들은 더 큰 제약을 받을 수밖에 없습니다. 그래서 이를 위험사회risk society라고 말하는 사람들도 있습니다. 예를 들어보겠습니다.

지금 우리는 거의 모든 것이 가능하다고 배웁니다. 물론 돈이 있다면 말이지요. 수술로 성별을 바꿀 수도 있고, 전 세계를 여행할 수도 있으며, 원하는 책도 마음껏 읽을 수 있습니다. 놀라울 정도로 자유를 누리고 살고 있지요. 하지만 동시에 (제가 한국 상황은 잘 모르지만 경제적 차원에서 본다면) 복지나 의료보험, 교육 분야에서는 가장 기본적인 변화조차 불가능한 것이 많습니다. 그만큼 제약이 많다는 이야기입니다. 그렇게 되면 경쟁력을 잃을 수밖에 없습니다.

현재는 생명 창조도 가능한 시대입니다. 저도 자세히는 모르지만 성기가 세 개인 사람도 있고, 영생도 가능해진 세상임에도 불구하고 부자들은 그들의 세금을 올리면 대재앙이 오는 줄 압니다. 우리는 이렇게 모순적인 세상에 살고 있습니다.

그런데 더 나아가 오늘날 이데올로기에 관한 가장 위험한 담론은 새로운 자유를 보장한다면서 사실은 억압과 지배를 강요한다는 점입니다.

예를 들어 유럽과 미국에서는 이른바 '불안정 노동자'가 급증하고 있습니다. 평생직장을 얻기가 매우 어려워진 것입니다. 그 대신 6개월이나 1년 혹은 2년씩 계약을 이어나갑니다. 지배 이데올로기는 이것을 새로운 자유라고 포장합니다. 하나의 역할에 고정되어 살지 않아도 되니 얼마나 멋지냐는 것이지요. 다시 말해 매년 자신을 새롭게 계발하며 창의력을 발휘할 수 있으니 좋지 않느냐는 말입니다.

하지만 이것은 마치 이러한 말과 같습니다. 의료 분야가 민영화되면 우리는 점점 더 많은 돈을 지불해야 합니다. 기본적인 의료보험으로는 보장이 되지 않으니까요. 그런데 지배 이데올로기는 계속해서 우리에게 더 많은 자유를 준다고 말합니다. 우리 각자가 한 사람의 자본가로서 자신이 가진 돈으로 무엇이 되었든 선택하라는 것이지요. 건강에 투자하든 아이들의 교육이나 펀드에 투자하든 그것은 당신들의 자유라면서 말입니다.

그러나 이것은 교묘한 말장난에 불과하며 우리는 불안에 떨 수밖에 없습니다. 의료보험은 보장되지 않고, 늘 자녀 교육의 고민에서 허덕입니다. 새로운 자유라는 명목을 들이밀면서 이 가짜 자유를 받아들이지 않으면 구시대적인 사람으로 취급하며 비난합니다. 그래서 결국 맹목적인 분노가 폭발할 수밖에 없는 것입니다.

새로운 권력, 새로운 정부에 필요한 기능

이번에는 조금 더 다른 극단적인 예를 통해 새로운 권력의 구성에 대해 이야기해보겠습니다. 급진 좌파가 권력을 차지했다고 가정해보겠습니다. 실제로 2015년에 그리스에서 일어난 일입니다. 시리자 SYRIZA, Synaspismós Rizospastikís Aristerás *가 집권당으로 선출되었지만 그 반년 후, 즉 지난여름 무슨 일이 일어났었는지 상기해보십시오.

유럽연합의 압박에 맞서 국민투표를 실시했고, 유권자의 대부분은 긴축재정안을 거부했습니다. 그리고 바로 다음 날, 시리자 정부는 유럽연합에 완전히 항복했습니다. 이렇게 갑자기 태도를 바꾸자 반대파 역시 의아해했습니다. 두 극단 사이에 어떤 중재나 타협의 시간도 없었기 때문입니다. 긴축 정책에 반대한다고 당당히 말해놓고 바로 다음 날 백기를 든 것입니다.

어떤 좌파들은 이를 두고 단순히 시리자 정부의 항복으로 치부해버립니다. 공약을 지키지 못한 정부의 탓이라는 이야기입니다. 하지만 실상은 더 비극적입니다. 선택의 여지가 없었던 것이지요. 그래서 저는 시리자 정부가 잘못한 것은 단 한 가지라고 생각합니다. 그러한 시나리오가 발생할 것을 미리 대비하지 못했다는 점입니다.

대체 무엇이 잘못된 것일까요. 시리자의 기반은 사회운동과 페미니즘, 노동자 파업 등에 근원을 둔 매우 강력한 네트워크였습니다. 단순히 정치만 하는 정당이 아니라 10년 이상, 아니 어쩌면 20년 이상 시민사회를 발전시키며 세력을 키워왔으니까요. 시리자가 가장 강하게 비판받는 부분은 집권당이 된 순간 긴축 정책을 비판하던 과거를 잊어버렸다는 점입니다. 이는 기존 정당들과 다를 바가 없어졌다는 주장입니다. 시리자는 자신들의 근원이 되어

- 급진좌파연합을 뜻하며, 그리스의 정당으로 반자본주의, 사회주의, 세속주의를 표방한다. 2004년 그리스의 좌파, 급진 좌파 정당의 연합체로 시작했으며, 2015년 1월 총선에서 승리해 집권당이 됐다. 시리자의 당수 알렉시스 치프라스(Alexis Tsipras)는 총선 승리 이후 그리스 총리에 취임했다.

준 시민사회와 긴밀한 관계를 유지했어야만 했다는 것입니다.

하지만 저는 이러한 진단에 동의하지 않습니다. 제 생각에 시리자가 실패한 이유는 정부로서의 새로운 담론을 찾지 못했기 때문이지, 자신들의 기반에서 멀어져서가 아닙니다. 새로운 형태의 정부로서 어떻게 기능해야 하는지를 몰랐던 것이지요. 그래서 새로운 방식을 창조하지 못하고 기존 정부의 운영 방식을 그대로 물려받았던 것입니다.

좌파들은 종종 진정한 문제를 회피할 때가 있습니다. 다시 말해 급진 좌파 사이에서는 여전히 대의민주주의를 비판합니다. 그들은 대의민주주의는 국민을 대표하는 동시에 국민을 소외시킨다고 이야기합니다. 그러면서 조직이 투명하면 사람들이 자주적으로 그 조직에 참여할 것이라는 무정부주의적 환상을 심어줍니다. 그렇기 때문에 그들은 대표를 선출할 필요 없이 시민들이 지역사회에 직접 참여해야 과정이 더 투명해진다고 말합니다.

하지만 역시 제 생각은 다릅니다. 20세기 후반 들어 전통적인 좌파의 두 가지 모델, 즉 공산주의 모델과 사회민주주의 복지국가 모델이 모두 붕괴되었습니다. 중국이나 베트남에는 굉장히 멋진 아이러니가 존재합니다. 이러한 것은 후쿠야마 Francis Fukuyama 도 예견하지 못했지요. 그들은 과거 공산 국가였고 현재도 공식적으로는 공산주의를 표방하지만 그 어떤 나라보다 자본주의를 잘 활용하고 있습니다.

그래서 저는 국가사회주의나 스탈린주의 같은 공산주의뿐만 아니라 서구의 사회민주주의에도 더 이상은 희망이 없다고 봅니다. 또한 마지막 남은 마르크스주의의 희망까지도 버려야 한다고 생각합니다.

안토니오 네그리Antonio Negri 와 마이클 하트Michael Hardt가 주장하는 즉각적이고 투명한 민주주의도 마찬가지입니다. 저는 그러한 주장에 매우 회의적입니다. 오히려 더 많이 배제해야 한다는 것이 저의 정치적 견해입니다. 조금 더 자세히 설명하겠습니다.

예를 들어 시민들이 스스로 조직하고 결정하는 작은 무정부주의적 공동체가 있다고 해봅시다. 하지만 비판적으로 뒤집어 생각하면 그렇게 작고 투명한 공동체를 위해 보이지 않는 곳에서 얼마나 많은 것들이 작동해야 하느냐는 것입니다. 일례로 시민들이 스

- 1952~, 미국의 미래 정치학자로, 미국 국무부 정책기획실 차장, 조지메이슨대학교 공공정책학과 교수 등을 역임했다. 동유럽의 사회주의가 붕괴되는 시점에 논문 「역사의 종언」을 발표해 세계적으로 주목받았으며, 마르크스적 역사의 종언을 제기했다.

스로 물과 전기를 어떻게 배분할지 정해야 할 텐데, 그러면 물과 전기는 어디에서 오나요? 외부의 공격을 받으면 누가 우리를 지켜 주지요? 이러한 문제들은 셀 수 없이 많습니다.

물론 이러한 공동체가 제대로 작동하기만 한다면 더할 나위 없이 좋겠지요. 그러나 이러한 작고 자율적인 공동체가 대표를 통하지 않고 직접적으로 기능하려면 강력한 사회적 네트워크가 뒷받침되어야 합니다. 보통은 국가가 그러한 일을 맡아서 하지요.

우리가 사회적으로 자유롭다고 느낄 때는 그 자유를 즐기기까지 보이지 않는 곳에서 얼마나 많은 것들이 작동하고 있는지를 생각해야 합니다. 이러한 점은 사회주의 국가를 건설하려던 많은 나라들로서는 엄청난 난관이었습니다. 그들은 언제나 관료제를 문제 삼았지요. 스탈린주의에서와 같은 관료제는 아니었지만 늘 관료제만을 과도하게 비판했습니다.

저는 진정한 관료제가 없었다는 것이 국가사회주의의 패착이라고 생각합니다. 효율적이고 조용한 관료제 말입니다. 그래서 공산주의 체제는 군중을 동원하고 긴급 사태를 만드는 방식으로만 목숨을 이어갈 수 있었던 것입니다.

정치적 신조에 대한 질문을 받으면 저는 관료적 사회주의를 지지한다고 말합니다. 물론 어둡고 폐쇄적인 관료제를 말하는 것은 절대 아닙니다. 하지만 이러한 보이지 않는 체계는 꼭 필요합니다.

의료보험과 병원, 교육 등은 반드시 그 자리에 있어야만 하지요. 설령 그곳에 있다는 것을 눈치 채지 못하더라도 정상적으로 작동되어야만 합니다. 매우 단순화해서 이야기하고 있지만 사실 저는 바로 이것이 좌파의 문제라고 생각합니다.

좌파는 열정적인 운동을 조직하는 데는 매우 뛰어납니다. 최근에도 이집트 타흐리르Tahrir 광장을 중심으로 100만 명이 집결했고, 그리스의 신타그마Syntagma 광장을 중심으로도 50만 명이 모였습니다. 이렇게 엄청난 수의 격양된 사람들이 길거리로 쏟아져 나오는 폭발적인 순간이 있습니다.

하지만 저는 그러한 열광적인 순간들에 흥미를 잃었습니다. 제가 관심을 갖는 것은 그 다음 날입니다. 영어로 '모닝 애프터 morning after', 즉 간밤의 열광적인 순간이 지나간 후가 제게는 더 큰 관심사입니다.

그러므로 저는 타흐리르 광장에 100만 명이 모인 것에는 관심이 없습니다. 모든 것이 정상으로 돌아간 후 일반인들이 어떤 변화를 느끼는지가 훨씬 더 중요하니까요. 분노한 다음 날, 과연 작은 변화라도 있었을까요. 그러한 면에서 좌파는 또다시 실패한 것으로 보입니다.

예를 하나 들어보겠습니다. 10여 년 전에 상영되어 세상을 떠들썩하게 했던 〈브이 포 벤데타 V For Vendetta〉(2005)라는 영화를 기억하시나요?

영국에는 가톨릭 탄압에 저항해 국회의사당을 폭파하고자 했던 가이 포크스 Guy Fawkes 의 가면*을 쓰는 전통이 있습니다. 이 영화의 결말 부분에 군중이 몰려들어 경찰 저지선을 뚫고 국회의사당을 차지하는 장면이 등장합니다. 저는 이 영화의 후속 편을 볼 수만 있다면 더 바랄 것이 없다는 생각입니다. 과연 그 다음 날 어떻게 되었는지, 어떤 식으로 권력을 재편성했는지가 무척 궁금하니까요.

제가 보기에 좌파에는 이러한 모델이 없습니다. 오늘날의 좌파는 진정한 문제를 회피한 채 모호한 논리로 대의민주주의를 비판할 뿐이지요. 투명하게 운영하고 국민을 소외시키지 말아야 한다면서 말입니다.

좌파 친구들에게, 직접민주주의가 제대로 작동한 나라의 예를 들어보라고 물어본 적이 있습니다. 그러자 그 친구들이 베네수엘라 이야기를 꺼내더군요. 오늘날의 실패가 있기 전의 베네수엘라 말입니다. 그래서 제가 코웃음을 쳤습니다. 베네수엘라야말로 제 이론을 가장 잘 증명하는 국가이기 때문입니다. 물론 슬럼가의 사람들이 스스로 조직을 만들기는 했지만 그 배경에는 차베스 Hugo Rafael Chavez Frias **의 강력한 정책이 있었습니다. 강한 국가와 군사력 없이는 직접민주주의도 없다는 것이 제가 얻은 교훈입니다.

- 1605년 11월 5일, 가톨릭 탄압에 저항해 영국 웨스트민스터 궁전을 폭파하려던 화약 음모 사건에 가담한 사람 중 가장 유명한 가이 포크스를 비현실적으로 표현한 가면을 말한다. 이를 소재로 한 앨런 무어(Alan Moore)와 데이비드 로이드(David Lloyd)의 1982년 그래픽 노블 〈브이 포 벤데타〉는 동명의 영화로도 각색되어 이후 광범위한 저항을 표현하게 됐다.

-- 1954~2013, 베네수엘라의 56대~59대 대통령으로 1998년 12월 대통령으로 당선된 후 2000년, 2006년, 2012년까지 총 4선에 성공하며 14년간 장기 집권했다. 베네수엘라는 1958년에 기독사회당(COPEI, Comité de Organizació n Política Electoral Independiente)과 민주행동당(AD, Acción Democrática) 간에 맺은 푼토피호(Punto Fijo) 협약에 의해 두 당이 중앙 정치를 교대로 독점하는 특이한 정치 형태를 보이며 부정부패의 온상이 됐다. 1974년에 이어 1989년에 집권한 페레스(Carlos Andrés Pérez) 대통령은 자유화 및 민영화, 공공 부문 축소 프로그램에 따라 국내시장가격통제 제도 폐지 등 경제구조조정 정책을 강력히 폈으나 국내 유가 및 대중교통비 등의 물가 폭등을 야기했고, 결국 전국 각지에서 유혈 폭동 사태가 일어났다. 특히 좌절한 빈민들이 카라카스(Caracas) 일대를 중심으로 봉기에 나섰는데 민중들의 불만을 간파한 공수부대 중령 출신 차베스는 반미와 반신자유주의를 내걸고 1992년 쿠데타를 일으켰으나 실패해 2년간 감옥에 갇힌다. 그러나 기존 정치 엘리트 집단 밖에 있었던 차베스는 반부패 투쟁을 통해 서민층의 절대적인 지지를 끌어내면서, 기존 정치인의 부패에 염증을 느낀 서민들의 정치적 희망으로 부상했다.

좌파가 변화를 추구하는 이유 — 자본주의의 한계

이제 우리는 심각한 문제에 도달했습니다. 제 말이 모두 사실이라면, 그렇게 현실이 어둡기만 하다면, 이제 그만 포기해버리는 것이 낫지 않을까요? 좌파는 게임에서 졌고, 급진적인 변화는 불가능하다고 인정하면 되지 않을까요?

하지만 문제가 하나 있습니다. 그래서 제가 공산주의자 소리를 들으면서도 좌파로 남아 있는 이유이기도 한데요. 글로벌 자본주의로 인해 우리가 직면한 이 심각한 문제를 안타고니즘 antagonism 이라고도 합니다. 이것은 글로벌 자본주의와 자유민주주의 프레임 안에서는 해결할 수 없는 문제입니다.

제가 보기에 오늘날의 진정한 문제는 우리가 자본주의를 인간 본성에 맞는 지배적인 사상으로 인정하는가 하는 것입니다. 아니면 글로벌 자본주의가 이 강력한 안타고니즘을 끌어안고도 스스로 재생산을 해낼 수 있는가 하는 문제입니다. 조금 더 널리 알려진 용어로 표현하자면 자유민주주의의 승리를 선언한 후쿠야마주의를 믿느냐 하는 것입니다.

그런데 아실지 모르겠지만 후쿠야마 자신은 더 이상 후쿠야마주의자가 아닙니다. 인터뷰에서 그렇게 밝혔지요. 금융의 발달과 생명 창조 등으로 자신의 꿈은 이제 끝났다고 말입니다. 저는 이러한 안타고니즘은 자유민주주의와 자본주의 안에서는 통제될 수 없다고 생각합니다.

마르크스주의의 전통에 '공유재'라는 개념이 있습니다. 이것은 사적인 이익을 위해 사유화되어서는 안 되는 어떤 기반을 말합니다.

광범위한 의미에서는 공동 문화가 여기에 해당합니다. 무형 자본이라고도 하지요. 인지 자본과 의사소통, 교육 수단, 재정적인 분야가 모두 여기에 포함됩니다. 이러한 상황에서 자본주의가 스스로 재생산할 수 있는 유일한 방법은 이윤 추구에서 지대rent** 추구로 전환하는 것이라고 생각합니다.

일례로 마이크로소프트의 창업자인 빌 게이츠는 어떻게 세계 1위의 부자가 되었을까요? 물론 지금도 그러한지는 통계를 확인

• 상반되는 대립 요인이 동시에 작용해 본래의 효과를 상쇄시키는 작용을 말하며 길항작용(拮抗作用)이라고도 한다.

•• 오늘날의 경제학이나 정치학에서 공적인 권력에 의해 공급량이 고정되어 있는 재(財)나 서비스의 공급자가 독점적으로 얻는 이익을 가리키는 개념으로 사용한다. 수입을 제한당하거나 정부에 의한 규제나 보호를 받는 산업은 그렇지 않은 경우보다 높은 이익을 올릴 수 있는데 그 초과 이윤에 상당하는 부분을 말한다.

해보지 않아서 모르겠습니다만, 어쨌든 그가 세계적인 부자가 된 이유를 마르크스의 착취 개념으로는 설명할 수 없습니다. 마이크로소프트사의 직원들은 특별히 착취당하지 않았으니까요. 오히려 평균 이상의 임금을 받았지요.

그러나 그것은 이윤이 아니라 지대입니다. 마이크로소프트사는 아주 강한 반독점적 위치를 차지하면서 우리의 공유재의 일부를 지배합니다.

인터넷이라는 디지털 공간은 매일 우리의 의사소통이 이루어지고 서로를 연결해주는 공유재입니다. 그런데도 우리는 사용료를 내야 하지요.

바로 여기서 자본주의는 한계에 부딪힙니다. 이제 여러 작가들, 특히 영국 BBC 경제 담당 에디터인 폴 메이슨 Paul Mason 같은 사람들은 자본주의의 종말을 말하고 있습니다. 디지털 혁명이 자본주의에 위협을 가하고 있다는 그들의 주장은 분명 설득력이 있습니다.

디지털 혁명은 우리에게 익숙한 노동, 생산, 가치 등의 개념을 급격하게 바꿔놓고 있습니다. 일종의 사회주의화가 진행되고 있다고 볼 수 있습니다. 공용 통화나 디지털을 통한 협력, 스스로 관리하는 온라인 공간, 그리고 위키피디아 등 그 예는 수도 없이 많습니다. 인터넷을 통해 영화 등을 다운로드받는 것 또한 이미 보편화된 현상입니다.

아직 시장 논리에 완전히 종속되지는 않았으나 정보를 사고파는 공유재의 모든 분야가 무서운 속도로 급부상하고 있습니다. 사실과 거리가 있긴 하나 어떤 이들은 디지털 자본주의를 가장 급진적인 자본주의의 형태로 받아들이기도 합니다.

이를 두고 자본주의의 종말이라고 말하기에는 분명 한계가 있습니다. 하지만 자본주의는 시간이 갈수록 지적 재산을 포함하기 어려워질 것입니다. 지적 재산은 완전히 다른 방식으로 작동하기 때문입니다.

예를 들어 일반적인 유형 재산은 내가 그 물건을 쓰면 다른 사람들이 쓸 수 있는 한도가 줄어듭니다. 사용할수록 가치가 떨어지는 것이지요. 하지만 정보는 완전히 다릅니다. 많은 사람이 쓰면 쓸수록 더욱 풍족해집니다. 사용할수록 가치가 올라가는 것입니다.

바로 이 점, 즉 지적 공유재 또는 지적 재산이 오늘날의 글로벌 자본주의를 위협합니다. 오늘날의 사이버 공간은 아주 중요한 영역이고 그곳에서는 계급이 정해지기도 합니다. 누가 사이버 공간을 지배하느냐가 중요한 문제가 된 것이지요.

그 한쪽에 국가와 구글 같은 대기업이 있습니다. 제 친구인 줄

리언 어산지 Julian Paul Assange *는 구글을 "민영화된 국가 안보국"이라고 정의합니다.

또 다른 문제는 생태계입니다. 외부 자원이라는 공유재이지요. 환경오염에서부터 기름이나 산림 자원 착취 등을 말합니다. 인류가 멸종하지 않으려면 지구 생태계의 한도를 지켜야 하기에 이 또한 자유 시장의 논리를 따를 수만은 없습니다.

그리고 세 번째는 내부 자원, 즉 생물 발생의 법칙에 따라 계승되는 인류입니다. 이제 기계가 뇌의 작동 방식을 따라하고, 감정까지도 조종할 수 있게 되었습니다. 공산주의자들이 한때 꿈꾸던 신인류가 생명 기술에 의해서 출현하고 있는 것입니다. 그러면 누가 이것을 통제할까요? 이를 민간 기업에 맡겨서는 안 됩니다. 그렇다고 국가가 통제하는 것 또한 저는 믿을 수 없습니다.

마지막 공유재는 바로 인류 그 자체와 인류의 사회적·정치적 공간입니다. 오늘날 글로벌 자본주의의 역설은 사회가 글로벌화하고 물품과 돈의 이동이 활발해질수록 새로운 장벽이 세워진다는 것입니다. 그래서 장벽 안의 사람들과 밖의 사람들을 갈라놓습니다.

이렇게 전 세계적으로 안팎을 나누는 새로운 계급사회가 도래하고 있습니다. 폭발의 위험성이 있는 것이지요. 지금 유럽의 난민 문제도 이 중 하나입니다. 밖에서 안으로 들어가려고 하는 것이지요.

우리 사회의 현주소는 어디인가?

지금까지 제시한 것들은 공유재의 문제이며, 그러한 의미에서 저는 아직 공산주의자입니다. 그렇다고 제가 북한에서 온 간첩은 아니니 놀라실 필요는 없습니다. 절대 공산주의자가 아닌 한 인물의 말을 제 주장의 근거로 제시해보겠습니다.

또 한 명의 제 친구이자 독일의 철학자인 페터 슬로터다이크 Peter Sloterdijk**는 철저한 반공산주의자이며 자유보수주의자입니

• 1971~, 오스트레일리아의 액티비즘 저널리스트로, 내부 고발자 웹사이트인 위키리크스의 대변인과 주필로도 잘 알려져 있다. 위키리크스 운영 전에는 컴퓨터 프로그래머로 근무했다. 2016년 7월, 힐러리 클린턴 대선 후보와 관련된 대표적 누출 자료인 DNC 이메일을 공개한 이후 대선이 벌어지기 전날까지 집중적으로 힐러리 및 그녀와 연관된 인물들 간의 이메일을 공개했으며, DNC를 해킹한 것은 러시아가 아니라고 주장하기도 했다.

•• 1947~, 논쟁적인 주제를 직설적으로 다루기로 유명한 독일의 철학자로, 독일 및 서구적 중심 사상의 경직된 체계와 내용을 날카롭게 비판하며 새로운 사유 방식을 제시해 자크 데리다 이후 최고의 철학자로 인정받고 있다. 1983년 발표한 『냉소적 이성 비판』으로 하버마스로부터 엄청난 찬사를 받았으나, 1999년 유전공학을 통한 신인류의 가능성을 암시한 『인간농장을 위한 규칙』으로 하버마스를 비롯한 많은 사람들이 그에 대한 찬사를 철회했다. 이처럼 찬사와 비난 사이를 쉽사리 오가는 그는 어떤 주제가 엇나가거나 과장될 위험이 있다 해도 전통적인 철학의 임무를 다해야 한다고 말한다.

다. 어떤 하버마스 Jürgen Habermas * 이론가들은 그를 신나치주의 자로 의심할 정도입니다. 그러한 슬로터다이크도 자신의 저서에서 처음으로, 정치적 극단주의가 나타나고 그로 인해 적들을 처단하기에 이른 20세기의 이 비극적인 열정을 부인했습니다. 파시즘이나 공산주의 모두 그렇게 행동했지요.

20세기의 극단적인 정치적 운동은 꿈으로 만족하지 않고 그것을 현실화하려 했습니다. 허상을 벗어버리고 극단적인 현실을 만들어가려 했던 것이지요. 사회적 현실이나 생산 수단 등과 관련해서 말입니다. 그러나 슬로터다이크의 말에 따르면 그 결과는 대재앙이었습니다. 모든 허상을 차단하며 실제에 다가가는 대신 절멸의 논리를 택했기 때문입니다.

슬로터다이크는 우리의 미래를 위한 윤곽을 제시합니다. 그의 책 『지구: 구체 II Globes: Sphere II』의 앞부분에 들어간 두 개의 에세이 제목이 그러한 계획을 잘 요약해줍니다. 1장의 제목은 '인류세'이고, 2장은 '인류 길들이기와 문명의 교화'입니다.

'인류세 antropocene ***'란 무엇을 의미하는 것일까요? 인류가 더 이상 지구에 의존할 수 없는 새로운 지질학적 시대를 말합니다. 다시 말해 인류 생산 활동의 결과물을 지구가 더 이상 흡수할 수 없는 시대입니다. 우리는 이제 잘못된 생산성의 부작용을 간과할 수 없습니다. 삶의 터전인 자연이 우리가 축적해온 생산 활동의 부작용을 더 이상 완충해줄 수 없는 상태에 이른 것입니다.

생산에 집중한 전통적인 사회에서의 자연은 우리가 기댈 수 있는 무한한 배경이었습니다. 아무리 갈아엎고 오염시키고 산을 무너뜨려도 대자연은 그 모든 피해를 완화시킬 수 있었지요. 그만큼 거대했기에 우리가 신경 쓰지 않아도 괜찮았던 것입니다. 스탈린주의가 한창일 때는 건물을 짓고 거대한 생산 기지를 건설하는 데 집중했습니다. 환경이 오염되어도 거대한 자연이 알아서 정화시키겠지 하며 그냥 무시했습니다. 하지만 이제 더 이상 그러한 게

- 1929~, 독일의 철학자이자 사회학자다. 커뮤니케이션 이성에 기반을 둔 사회적 합리성과 도구적 이성에 기반을 둔 경제적 합리성은 질적으로 상이하며 서로를 제한하는데, 여기에 자본주의 사회의 모순을 극복할 수 있는 가능성이 있다는 것이 그의 이론 주요 명제다.

- ·· 노벨 화학상을 받은 네덜란드 대기화학자 파울 크뤼천(Paul Crutzen)이 2000년에 처음 제안한 용어로 홀로세 중 인류가 지구 환경에 큰 영향을 미친 시점부터를 별개의 세로 분리 정의한 비공식적인 지질시대를 말한다. 정확한 시점은 합의되지 않았으나 대기 변화를 기준으로 할 경우 산업혁명을 기준으로 삼는다. 다수의 층서학자는 인류세를 별개의 지질시대로 볼 수 있을지는 미래에 결정되어야 한다는 입장이지만 여러 지질학회에 속한 다른 학자들은 언젠가는 독립된 지질시대로 공인될 것이라고 전망한다.

임을 지속할 수는 없습니다. 자연은 더 이상 그러한 작용을 할 수 없습니다.

슬로터다이크가 말했고 이후 다른 저자들도 언급했듯이 우리는 지구라는 우주선에 탑승해 있다는 사실을 받아들여야만 합니다. 지구 상태에 대한 책임은 우리에게 있습니다. 지구가 우리의 그릇된 생산 활동에 둔감할 것이라고 생각하는 것은 착각입니다. 지구는 우리의 최종 목적지이고, 이곳이 파괴되면 우리는 살아갈 터전을 잃고 맙니다.

인류는 지구라는 이 작은 행성에 사는 동물의 한 종일 뿐이라는 사실을 받아들여야 합니다. 이를 깨닫는 동시에 지금까지와는 완전히 다른 방식으로 환경과의 관계를 맺어나가야 합니다. 더 이상 모든 부작용을 묵과해서는 안 됩니다.

슬로터다이크도 인정한 바 있듯이 이것이 자본주의의 가장 큰 문제입니다. 부차적으로 발생하는 손해를 무시해버리는 것이 바로 자본주의의 모델이기 때문입니다. 자본주의의 재생산에서 중요한 것은 더 많은 이윤을 만들기 위해 유통을 늘리는 것뿐입니다. 자연환경에 끼친 부차적인 피해는 생산 비용에 포함되지 않습니다. 바로 이 비용이 간과되는 것입니다.

그래서 이 부차적인 피해에 세금을 매기자고 하지만 이 계획은 늘 불발로 끝나고 있습니다. 아주 급진적인 계획들도 있지만 제가 보기에는 매우 천진난만한 생각입니다. 그들은 금이나 철 같은 지하자원뿐 아니라 우리를 둘러싸고 있는 모든 자연이 가격을 매겨야 하는 자산이라고 주장합니다. 예를 들어 우리가 마시는 공기에도 가격표를 붙이자는 것이지요. 물도 마찬가지입니다. 그러나 이러한 주장은 말도 안 되는 방법입니다.

자연환경을 지킬 수 있는 새로운 방법을 만들기 위해서는 급진적인 변화가 필요합니다. 슬로터다이크는 이러한 변화를 야생동물을 사육하는 것에 비유했습니다. 그의 주장의 요지는 이렇습니다.

지금까지 각 나라는 내부의 평화를 위해 구성원들을 훈련하고 교육시켰습니다. 국가가 권력을 통해 이러한 평화를 보장해준 것이지요. 하지만 인류 역사를 보면 서로 다른 문화나 국가 사이에는 잠재적으로 전쟁의 위험이 도사리고 있습니다. 평화로운 상태는 일시적으로만 가능했습니다.

헤겔은 여러 윤리 체계를 개념화하면서 나라를 위해 목숨을 바칠 준비가 되어 있는 이른바 '영웅주의'를 가장 고차원적인 행동이라고 정의했습니다. 국가 간의 관계에서는 야만적으로 보이는 행위가 국가 내에서는 가장 기본적인 윤리로 여겨진다는 것입니다.

하지만 진정으로 도덕적인 모습은 국민들이 대의를 위해 결속하는 전쟁 시에 발휘됩니다. 전쟁에서는 사적인 이익이나 자신이 속한 공동체의 이익은 잊어야 합니다. 슬로터다이크도 바로 이 점을 강조합니다. 국가는 문명을 보장해주지만 역설적이게도 국가가 가장 빛나는 순간은 다른 국가와 야만적인 관계를 맺을 때입니다. 오직 전쟁 중에만 국가는 최소한의 단위로 줄어듭니다.

슬로터다이크가 말했듯이 인류는 지구라는 우주선에 타고 있다는 사실을 온전히 받아들여야만 스스로에게 문명화라는 긴박한 임무를 부여할 것입니다. 모든 인류 공동체에 보편적인 연대와 협력이라는 문명화에 대한 과제를 주는 것이지요. 그리고 자신의 삶을 위협하면서까지 영웅주의라는 가치를 지켜나갈 것입니다. 물론 그것들을 실천하기란 어려운 일일 테지요.

슬로터다이크의 주장을 다시 정리해보겠습니다. 인류의 생존을 위해서는 반드시 자본주의의 확장을 억누르는 한편 국제적인 협력과 연대를 견고하고 튼튼하게 만들어야 합니다. 또한 이러한 협력에는 국가의 주권을 넘어설 수 있는 행정적인 권한이 필요합니다. 이것이 우리의 자연적이고 문화적인 공유재를 지키기 위한 조치이기 때문입니다.

이러한 최소한의 조치는 공산주의적인 내용이라 슬로터다이크조차 곧이곧대로 받아들이지는 않을 것입니다. 이것이 오늘날 우리에게 필요한 변화입니다. 자연환경과 새로운 관계를 형성하고 우리 자신의 유한성을 인지해야 합니다. 자연은 결코 무한한 배경으로 존재하지 않습니다. 자연은 인간에 의해 쉽게 파괴될 수 있는 아주 취약한 존재입니다. 바로 여기에 역설이 있습니다. 인간이 스스로를 강하다고 느끼며 지구를 정복하는 순간, 오히려 인간은 자신의 연약함을 경험하게 됩니다. 그리고 스스로를 위태롭게 만듭니다.

우리가 직면할 미래 전망

미래는 어떨까요? 우리에게 과연 어떤 세상이 다가오고 있을까요? 가장 분명한 사실부터 말해보겠습니다. 우리의 삶은 극단적으로 디지털화되고, 우리의 뇌를 스캔하거나 체내에 무언가를 삽입해 움직임을 추적할 수도 있게 될 것입니다. 이로써 생물학적으로나 정신적으로나 자신이 아닌 외부의 기계에 나를 맡겨야 할 수도 있는 상황이 현실화될 가능성이 높아졌습니다. 나보다 더 나은 새로운 '나'라는 존재가 나타나는 것입니다.

이러한 기계들이 우리의 삶을 조종하는 상상은 이미 낯선 일이 아닙니다. 실제로 현실 가능한 기술이 되었기 때문입니다. 우리가 먹고, 사고, 읽고, 보고, 듣는 것과 기분, 두려움, 만족감 등을 기계에 입력하면 기계는 그 정보를 토대로 우리의 의식보다 더 정확하게 우리를 파악합니다.

인지과학에서 보듯이 우리의 의식은 그렇게 일관적이지 않습니다. 우리를 구성하고 있는 이야기들은 혼란스러운 과거의 경험에 일관성을 부여하고자 합니다. 인지과학이 놀라운 방법으로 이에 대해 밝혀냈습니다. 사람이 어떤 경험을 하고 나면 그것을 극도로 부정확하고 왜곡된 방식으로 기억한다는 것입니다. 민감한 기억일수록 더욱 일관된 내용만을 기억하려 하지요. 많은 기억이 그러한 식으로 제거됩니다.

저와 친한 뉴욕의 인지과학자들이 아주 놀랍고도 간단한 실험을 하나 했습니다. 그들은 현재 동거 중이며 결혼을 고민하고 있는 커플들을 스캔하고 관찰했습니다. 물론 당사자들의 동의를 얻었습니다. 커플들은 자신들이 열정적으로 사랑하고 있다고 생각했습니다.

하지만 그들의 삶을 따라다니며 모든 것을 기록한 기계는 그들의 갈등과 불만족, 내적 긴장을 빠짐없이 기록했습니다. 뇌의 어떤 부분은 행복했지만 또 다른 차원에는 지워진 트라우마가 있었습니다. 아무리 열정적으로 사랑하고 있어도 우리의 뇌에서는 그와는 또 다른 부분이 감지되는 것입니다.

커플들에게는 이 내용을 알려주지 않았습니다. 그저 기계가 조언만 해주었을 뿐입니다. 그리고 2년 후 그 커플들을 다시 찾았습니다. 그러자 정말 흥미롭게도 기계의 예측이 맞았습니다. 기계가 헤어질 것이라고 예측했던 커플들이 실험 후 1~2년 안에 모두 헤어졌던 것입니다.

그렇다면 이러한 방식을 정치적인 결정으로까지 확장하면 어떨까요? 기계를 통해 제가 과거에 실망한 부분들을 기록하고 순간적인 열정과 정치적 견해 사이의 불일치를 파악하는 것입니다. 물론 이것 또한 실험을 했습니다.

몇몇 유권자들을 관찰하고 그들의 활동과 지적인 생활을 모두 기록했습니다. 유권자들은 자신이 어느 쪽에 투표를 했는지만 보고하면 되는 것이었습니다. 기계는 그들이 바보처럼 자신들의 이익에 반하는 투표를 할 것이라고 예측했습니다. 실제로 이 기계가 쓰였다면 좋았을 일이 있었습니다. 영국에서 있었던 브렉시트입니다. 기계가 영국 유권자들보다 무엇이 옳은지 훨씬 더 잘 알았을 테니까요.

말도 안 되는 것처럼 들릴 수 있지만 실제로 이러한 기계들은 제한적이긴 하나 이미 나와 있습니다. 일반인들은 이렇게 되묻겠지요. 나 스스로 솔직하게 의사를 표명할 수 있는데 왜 기계에게 투표를 맡겨야 하느냐고 말입니다. 그에 대한 답은 간단합니다. 기계는 맹목적이거나 바보 같지 않기 때문입니다. 기계가 우리를 대신해 투표를 하면 우리의 이익을 더 잘 대변해줄 수 있다는 것입니다.

뇌과학은 우리의 자아를 이른바 해체주의적인 시각으로 바라봅니다. 우리가 자기 자신에 대해 하는 이야기들은 앞뒤가 맞지 않는 혼란스러운 이야기일 뿐이라고 말합니다. 하지만 인지주의자들은 거기서 한 걸음 더 나아가 우리의 이야기가 혼란스럽기만 한 것은 아니라고 말합니다. 그것은 기계를 통해 얼마든지 가능한 일이라는 것이지요.

기계는 시각도 인식도 없습니다. 기계는 자신이 무엇을 하는지도 모릅니다. 그저 알고리즘일 뿐입니다. 하지만 개개인이 내리는 선택보다 훨씬 더 적절한 선택을 할 수 있습니다. 외적인 현실에 비추었을 때도 적절할 뿐 아니라 무엇보다 우리 개개인이 진심으로 원하는 선택을 해준다는 것입니다.

기계는 스탈린주의자가 아닙니다. 당신이 무엇을 좋아할 것

같다고 정해주지 않습니다. 기계는 그러한 것과는 달리 여러분이 생각하는 것들 가운데 일관적이지 않은 부분들을 찾아냅니다. 그리고 그것을 토대로 비교적 성공적인 선택을 합니다.

미래학자 유발 하라리Yuval Noah Harari *의 새로운 책 한 권을 소개하겠습니다. 제목은 『내일의 역사The History of Tomorrow』입니다. 다음은 이 책의 한 문장입니다.

자유주의는 자신의 생각을 말하는 자아를 신성시하고 슈퍼마켓에서 물건을 살 때나 결혼 시장에서 배우자를 고를 때에도 투표(선택)할 권리를 준다.

이것이 자유주의의 기본 신념입니다. 여러분이 조종당한다고 해도 그것은 여전히 여러분 자신의 자유의지에 따른 것입니다. 그래서 자기 자신의 내면을 깊숙이 들여다보는 법을 배우는 것이야

---

* 1976~, 세계적 베스트셀러인 『사피엔스』의 저자이며, 현재 예루살렘 히브리대학교 역사학과 교수다. 역사와 생물학의 관계, 역사의 진보와 방향, 호모 사피엔스에 관한 통찰력 있는 연구를 통해 전 세계 대중과 학계의 큰 관심을 불러일으켰다.

말로 진정한 자기수양입니다. 그래야 어떤 상황에서든 옳은 결정을 내릴 수 있으니까요.

미국에서 변호사를 하는 친구들의 이야기를 들어보면, 미국에서는 이러한 점에서 흥미로운 일들이 많이 일어난다고 하더군요. 만약에 미국에서 제가 여러분에게 업무상 점심을 대접했다고 한다면, 그것이 업무상 먹은 점심이라는 것을 증명해야만 세금을 공제받을 수 있습니다. 그냥 즐기기 위한 점심이 아니었다는 것을 증명해야 하는 것입니다. 예를 들어 더 나은 계약 조건을 끌어내기 위해서였다든지 하는 식으로 말입니다.

뉴욕에 있는 변호사 친구에게, 만약 상황이 조금 복잡할 때는 어떻게 하느냐고 물었습니다. 가령 업무상 점심을 먹기는 했지만 개인적으로도 매우 즐거웠으며 그 이유에 대해서는 나 자신도 잘 모른다거나 하는 경우 말입니다. 그러자 그 친구가 제 마음속을 들여다보라고 말하더군요. 아주 깊숙이 들여다보면 진짜 마음을 알 수 있을 거라고요. 그것이 자유주의적인 사고입니다.

이러한 시각에서 우리는 늘 투표를 합니다. 투표소에서뿐만 아니라 저 물건이 아닌 이 물건을 살 때도 마찬가지입니다. 결혼 역시도 다른 사람이 아닌 이 사람에게 표를 던지는 것입니다. 유발 하라리는 이렇게 말합니다.

우리는 수세기 동안 자아의 선택을 타당하게 여겨왔다. 어떤 픽션이나 판타지에서도 나보다 나를 더 잘 아는 시스템은 없다고 생각했기 때문이다. 하지만 나를 더 잘 아는 시스템이 있는데도 자아에게 선택할 수 있는 전권을 맡기는 것은 바보 같은 짓일 것이다. 민주적인 선거 같은 자유주의적 습관들도 사라질 것이다. 구글이 나의 정치적 입장을 나보다 더 잘 대변해줄 테니 말이다.

이것은 아주 현실적인 사례로 설명할 수 있습니다. 나의 활동을 기록하는 컴퓨터가 있다고 해서 그 컴퓨터가 전지전능하다는 말은 아닙니다. 인지과학의 주장이 컴퓨터를 신으로 추앙하는 것처럼 그렇게 순진하지는 않지요. 컴퓨터도 완벽하지는 않으니 실수를 할 수도 있습니다. 하지만 평균적으로 보았을 때 기계가 결정한 대로 행동하는 것이 내 마음대로 결정한 것보다 훨씬 좋은 결과를 가져온다는 것입니다.

자유민주주의의 기본 신념

이러한 알고리즘 프로그램은 오늘날 의약 분야에서도 이미 사용하고 있으며, 주식시장에서도 이를 통한 거래가 폭발적으로 증가하고 있습니다.

'월스트리트의 분노'라는 제목의 기사를 본 적이 있습니다. 젊은 프로그래머 두 명이 누구나 무료로 다운받을 수 있는 알고리즘 프로그램을 올렸다는 기사였습니다. 어떤 주식을 사고 어디에 돈을 투자할지를 알려주는 알고리즘 프로그램이었지요. 그런데 놀라운 것은 이 무료 알고리즘 프로그램이 비싼 투자 전문가보다 더 좋은 결정을 내려주더라는 것입니다.

분명한 것은 자신이 진짜 원하는 대로 살 수 있는 자유롭고 진정한 자아, 자주적인 인간이라는 것은 애초에 존재하지 않는다는 점입니다. 이렇게 존재하지도 않는 자아를 지지하는 것이 자유민주주의가 말하는 개인주의의 기본 전제입니다.

바로 여기서 문제가 발생합니다. 이러한 현상은 끔찍하게 느껴지든 흥미롭게 느껴지든 이미 우리의 삶 속에서 일어나고 있는 현상입니다. 그렇다면 우리는 기계에 항복해야 할까요? 여기에는 몇 가지 복잡한 문제들이 존재합니다. 다시 유발 하라리의 책 한 부분입니다.

과거에는 정보의 흐름을 차단하는 검열이 문제였다. 하지만 21세기의 검열은 불필요한 정보를 흘려 사람들을 혼란시키는 방식으로 변했다. 고대의 권력이란 정보에 접근할 수 있는 권한을 의미했다. 오늘날의 권력은 어떤 정보를 무시해야 할지 아는 것이다.

이는 아주 깊은 통찰입니다. 진정한 지성이란 모든 복잡성을 이해하는 것이 아니라 이를 단순화할 수 있는 방법을 아는 것입니다. 엄청난 양의 정보 속에서 큰 그림을 보고 선택해야 합니다. 바로 단순화가 관건입니다. 이는 그냥 호기롭게 하는 이야기가 아닙니다.

제 주변에 동물들의 신기한 행동을 연구하는 한 친구가 있습니다. 그 친구가 말하기를 인간이 유인원보다 특별히 더 복잡하지는 않다는 것입니다. 기억 체계는 오히려 유인원보다 못할 수도 있다더군요. 하지만 인간이 더 뛰어난 점이 있는데, 그것이 곧 단순화하는 능력이라고 합니다.

이것이 바로 첫 번째 문제입니다. 우리가 기계에 단순화 능력을 부여할 수 있는 그 복잡한 알고리즘을 정확하게 만들어낼 수 있느냐 하는 것입니다. 또는 이러한 방향성을 정해주는 것이 우리의 선택인가 하는 것도 생각해볼 문제입니다.

두 번째 문제는 우리의 정신이 일관적이지 않다는 것입니다. 물론 기계도 일관적이지는 않습니다. 이미 많은 컴퓨터 과학자들이 컴퓨터도 일관적이지 않다는 것을 입증했지요. 그리고 기계가 논리와 일관성을 잃으면 인간보다 훨씬 더 파괴적인 결과를 낳습니다.

세 번째는 자유의 문제입니다. 정확히는 자유의지의 문제이지요. 인간에게 자유의지가 없다는 것을 증명하는 것은 어렵지 않습니다.

30여 년 전, 미국의 신경생리학자 벤저민 리벳Benjamin Libet 박사는 이에 관한 첫 실험을 실시했습니다. 실험 참가자들에게 단순한 일을 시켰는데, 이들이 결정을 내리기 몇 밀리 초 전에 신경세포는 이미 이를 알고 있더라는 것입니다. 팔을 움직이려면 이미 명령이 내려진 상태여야 하니까요.

다시 말해 우리가 생각을 할 때 세 가지 결정을 내리는데, 뇌는 이미 진행 중인 과정을 지각할 뿐이라는 것입니다. 이러한 지각은 그렇게 중요하지는 않지만 복잡한 문제입니다.

오늘날 인지과학이 직면한 가장 큰 문제는 의식의 기능을 설명하는 것입니다. 이를 설명하기 위해서는 의식의 과정을 펼쳐놓고 측정해야 하지요. 그래서 기계가 그 과정을 재현하도록 합니다. 인간의 경험을 컴퓨터 알고리즘으로 전환하면 설명이 가능할 테니까요.

하지만 이렇게 연구를 하면 할수록 점점 더 수수께끼에 빠져듭니다. 의식이 없는 기계는 우리처럼 효율적으로, 어쩌면 우리보다 더 효율적으로 일합니다.

그렇다면 의식은 진화론적으로 어떤 기능을 갖고 있을까요. 저는 이것이 간단하면서도 매우 신비한 문제라고 주장하는 학자들의 의견에 동의합니다.

우리는 자의식을 갖고 있기에 더 효율적으로 일할 수 있습니다. 자기 자신을 인지하는 것이지요. 대개는 인간이 너무 복잡해서 자의식이 필요하다고 주장하지만, 오히려 그 반대입니다. 의식은 언제나 단순화하는 방향으로 작동합니다.

우리보다 우리를 잘 아는 기계가 발달한다면 미래는 어떻게 될까요? 두 가지 옵션이 있습니다. 첫 번째는 기계가 우리를 대체하고 우리는 그저 부속물로 전락하는 것입니다. 인간이 기계의 통제를 받는 꼭두각시가 되는 것이지요.

두 번째는 이른바 '특이점'이라는 상황입니다. 레이먼드 커즈와일Raymond Kurzweil과 같은 미래학자들의 주장입니다. 기계와 인간의 상호작용을 통해 새로운 인류의 지성이 집단적으로 탄생한다는 것입니다. 개개인의 인식을 뛰어넘는 차원이지요.

새로운 인류의 지성으로 합쳐져 거대한 존재가 되는 것과 단순한 기계로 남는 것 중에 무엇이 더 바람직한 것인지는 잘 모르겠습니다. 하지만 저는 이 부분에 관해서는 아주 비관적입니다. 이 두 가지가 동시에 일어나리라고 생각하기 때문입니다. 우리를 지배하는 기계가 탄생하겠지만 인간 중 극소수는 그 기계들을 조종하는 역할을 맡게 될 테니까요. 다른 말로 하면 생명공학과 컴퓨터 알고리즘은 권력에 흡수되어 새로운 몸과 두뇌와 정신을 만들어낼 것입니다.

그러한 몸과 뇌를 설계할 줄 아는 사람과 그렇지 않은 사람 간의 격차는 어마어마하게 커질 것입니다. 발전의 기차를 탄 사람들은 창조와 파괴 같은 신의 영역에 들어가는 능력을 획득할 테고, 남겨진 사람들은 결국 멸종할 수밖에 없습니다. 심각한 전망이긴 합니다만, 이는 수백 년 뒤에나 일어날 먼 시대의 이야기가 아니라 수십 년 안에 일어날 일입니다.

새로운 지배 계층이 생기고 계급이 분화되면 마르크스가 이야기했던 이전의 계급보다 더 오랜 세월 이어질 것입니다. 이 지배 계층은 완전히 새로운 종이라고 할 수 있습니다. 생물학적으로도 다른 특성을 갖게 될 테지요. 인류는 두 계층으로 나뉘고, 생물학적으로도 갈라지게 될 것입니다.

그렇다면 미래를 위해 우리는 무엇을 해야 할까요? 여기서 명확한 해답을 드릴 수는 없습니다. 저는 회의주의자도 낙관주의자도 아닙니다. 모택동주의자입니다. 저는 모택동 통치 시절 중국인들이 겪은 공포에 대해 알고 있습니다. 대기근이 있었던 것도 잘 알고 있습니다. 그럼에도 모택동의 이 말에 강하게 끌렸습니다.

하늘 아래에는 큰 혼란이 있기 마련이니 지금 상황은 훌륭한 것이다.

오늘날과 같이 열린 상황에서는 여러 옵션 중 어떤 미래가 펼쳐질지 모릅니다. 새로운 자유와 가능성, 새로운 복종과 지배, 새로운 고통과 같은 열린 가능성을 두려워해서는 안 됩니다. 언제나 새로운 기회가 열리기 마련이니까요.

새로운 질서를 만들어야 할 때

마지막으로 우리가 하지 말아야 할 것에 대해 강조하고 싶습니다. 제 생각에 우리가 결코 해서는 안 되는 일 중 첫 번째는 슬로터다이크의 말처럼 새로운 연대를 위한 협력을 값싼 휴머니즘으로 전락시키는 것입니다. 가령 '외국인들을 이해해야만 해'라거나 '인류는 모두 한 형제야'라는 생각들 말입니다. 그것이야말로 무엇보다 어리석은 최악의 생각이기 때문입니다.

한국에서 일어났던 일을 예로 들어보겠습니다. 한국은 오랫동안 일본의 압제 속에 살았습니다. 아직도 많은 분들이 그 트라우마를 가지고 있습니다. 수천 명의 여성이 성의 노예로 끌려갔다는 사실도 잘 알고 있습니다.

그런데 이제 그 여성들을 끌고 간 일본인들을 비난하지 말자고 이야기할 수 있을까요? 그들의 이야기를 들어보자고 하는 것은 가능할까요? 아니요. 그것은 너무도 순진한 생각입니다. 그들의 이야기를 들으면 들을수록 더 끔찍하게 생각할 사람들도 있기 때문입니다.

저는 내면에 진실이 숨어 있다는 말에 전적으로 반대합니다. 사람들은 흔히, 아무리 나쁜 짓을 했어도 겉으로만 그렇게 보일 뿐, 그 사람의 내면을 들여다보면 충분히 이해할 수 있을 것이라고 말합니다.

하지만 우리의 행동은 그렇게 구성되어 있지 않습니다. 오히려 그 반대이지요. 우리는 자신의 행동으로 인한 두려움에서 벗어나려고 이야기를 만들어냅니다. 끔찍한 일을 저지른 사람들이 스스로를 정당화하려고 지어낸 관념적인 이야기를 듣는 것은 아주 우울한 일입니다. 물론 멋진 말들도 있겠지만 결국 다 거짓말입니다. 그래서 저는 진실이 내면에 있다는 생각에 반대합니다. 진실은 밖에 있습니다.

또 하나 짚고 넘어갈 것은 오늘날 우리가 목격하고 있는 무자비한 보편화의 과정입니다. 과학의 발전으로 기계가 우리를 지배할 날이 다가오고 있고, 이에 대한 반발로 문화적 정체성을 찾자는 움직임도 있습니다. 자본주의는 전 세계적이고 특색이 없기 때문에 이에 저항하려면 지역의 문화를 살려야 한다는 뜻입니다. 국제 자본이 우리의 것을 훔쳐가지 못하도록 지키자는 것입니다.

하지만 제 생각은 그 반대입니다. 자본주의는 언제나 지역 문화와 완벽하게 공존해왔습니다. 글로벌 자본주의, 특히 식민주의에서는 다문화주의가 두드러집니다. 오늘날의 인종차별은 그렇게 작동하고 있습니다. 다른 문화에 마음을 여는 것은 바람직한 일입니다. 저도 그것을 반대하지는 않습니다. 하지만 상대방을 잘못 칭송하는 것은 조심해야 합니다.

제 친구 중에 인디언이 있습니다. 이제는 북미 원주민이라고 해야 정치적으로 옳은 표현이지요. 아무튼 그 친구는 이러한 사상을 혐오했습니다. 일반적으로 백인들은 자원을 착취하고 숲과 강을 파괴한다는 이미지가 강합니다. 동물을 사냥할 때도 원주민들은 먼저 신성한 의식을 치르고 산에게 허락을 구했습니다. 사냥 후에도 사과하는 의식을 빠트리지 않았습니다. 그런데 북미 원주민이자 몬태나대학교의 교수인 제 친구가 쓴 글을 보면, 원주민들이 백인보다 훨씬 더 많은 버펄로를 잡았고, 자연도 더 많이 파괴했다는 것입니다.

그 친구가 말하려는 것의 핵심은 잘못된 믿음으로 남을 존경하는 것이 바로 최악의 인종차별이라는 것입니다. 우리도 당신들처럼 사악할 수 있고, 어쩌면 더할 수도 있다는 것이지요. 그러한 면에서 백인들의 지나친 자아비판이 인종차별의 새로운 담론이라고 할 수 있습니다.

저는 유럽으로 들어오는 난민들을 향한 시선도 똑같다고 생각합니다. 여성을 대하는 그들의 방식이 우리의 문화와 상충한다고 해서 무조건 비난해서는 안 된다는 이야기를 합니다. 그들의 문화이니 이해해야 한다면서 말입니다. 그러면서 우리는 그들을 받아들여야 하고, 비난을 받아야 할 대상은 우리라고 말합니다. 그들이 끔찍한 짓을 했다면 그것은 모두 식민주의 때문이라는 주장입니다.

하지만 이것은 오히려 그들을 윤리적인 인격체로 받아들이지 않는다는 것을 반증합니다. 세계시민으로서의 새로운 의식을 원한다면 이렇게 잘못된 인도주의적 보편화로 빠져서는 안 됩니다. 하나의 인류이니 모두 이해해야 한다는 식으로 넘어가서는 안 됩니다. 진정한 협력을 위해서는 더 많은 결정권이 주어져야 합니다. 인종차별의 반대 개념이 다른 사람들을 모두 이해하는 것은 아니니까요.

두 번째로 우리는 민주주의의 갈등과 한계를 인식해야만 합니다. 다시 유발 하라리의 책을 인용하겠습니다.

사람들은 다른 유권자들과 기본적인 유대를 형성할 때만 민주 선거에 대한 의무를 느낀다. 다른 유권자들의 경험이 내게 생소하거나 그들이 자신의 감정을 이해하지 못한다고 느낄 때 또는 자신의 주요 관심사를 이해받지 못한다고 느낄 때는 그러한 의무를 행사할 이유가 사라진다.

말하자면 우리가 전 세계적으로 무언가를 결정해야 할 때는 민주 선거가 좋은 방법은 아니라는 것입니다. 훨씬 더 복잡한 협상이 필요한데, 앞에서도 말했듯이 민주주의로는 한계가 있습니다. 이미 같은 가치로 묶여 있는 공동체 안에서만 작동하는 체계이기에 그렇습니다.

마지막으로 제가 지적하고 싶은 것은 글로벌 자본주의에 저항하기 위해 국가적 권리로 회귀하는 것입니다. 여기서 브렉시트에 대해 결론을 내리겠습니다.

브렉시트 상황을 자세히 관찰해보면 이를 주장한 사람들이 진짜로 원하는 것이 무엇인지가 보입니다. 영국을 세계 시장에 더 활짝 열어놓고 싶은 것입니다. 세계 시장이 우리를 지배하고 있으니 우리의 정체성을 지키자는 것이 아닙니다. 국가의 주권을 강화해서 더 강력한 복지와 의료 보장을 이루자는 것도 아닙니다. 오히려 그 반대입니다.

지난 20~30년간 영국과 유럽연합 사이에 있었던 주요 갈등들을 살펴보는 것이 이해에 도움이 될 것입니다. 그 대부분의 경우에 저는 유럽연합의 편이었습니다. 예를 들어 15여 년 전에 유럽연합은 유럽 전체 노동자의 기본적인 처우를 개선하려 했습니다. 의료보험과 연간 휴가를 의무적으로 제공하고 주간 최대 노동시간을 제한하라고 지시했습니다.

그러나 영국은 국가 경쟁력이 떨어진다는 이유로 이를 받아들이지 않았습니다. 또 유럽연합이 지하 암반을 뚫는 공법인 프레킹 fracking을 통해 생산된 석유의 수입을 금지하려 했을 때도 영국은 이에 저항했습니다. 다시 말해 그들이 진짜 원하는 것은 주권이 아

니었습니다. 제가 보기에 영국의 자본가 계층이 브렉시트를 지지
했던 것은 세계 시장을 향해 영국을 더 극단적으로 열어젖히고 싶
어서였습니다.

그리고 더 슬픈 것은, 비록 공개적으로 시인하지는 않았지만
브렉시트 지지의 가장 크고 분명한 이유는 난민들에 대한 인종차
별적 공포 때문입니다. 자신들의 뜻대로 영국의 유럽연합 탈퇴가
이루어지면 난민을 수용하라는 강요를 더 이상 받지 않아도 되기
때문입니다.

이쯤에서 저는 현재 우리의 민주주의에 대해 의문을 제기하고
싶습니다. 난민에게 문을 열어주어야 한다고 주장하는 좌파들이나
벽을 세워 가로막아야 한다는 이들이 공통적으로 민주주의를 비판
하고 있기 때문입니다. 민주주의가 단순히 다수의 의견을 따르는
것이라면 유럽 모든 국가가 난민을 받아들이는 문제를 놓고 각자
국민 투표를 해야만 하겠지요.

독일의 우파는 난민과 관련한 이 문제를 놓고 메르켈Angela
Merkel 독일 총리와 흥미로운 논쟁을 벌였습니다. 우파에서는 총
리가 백만 명이 넘는 난민을 독일로 받아들이면서 국민적인 협의
를 거치지 않았다고 비판했습니다.

하지만 저는 메르켈 총리가 잘했다고 생각합니다. 정치적 지

도자는 필요하다면 위험을 무릅쓰고 다수의 의견에 반하는 결정을 해야 할 때도 있습니다. 오랜 시간이 흘러 그 결정이 성공적이었다고 판명되면 그제야 인정을 받겠지요. 진정한 리더는 대중의 의견을 따르기만 하는 사람이 아닙니다.

지금까지 제가 한 말은 여러분에게 난민이나 사회적인 변동, 우리 삶의 디지털화 같은 문제들을 보여주고 새로운 시작이 필요하다는 사실을 역설하기 위한 것이었습니다. 이러한 상황에서 정치적인 의지가 없다면 무슨 일이 벌어질지, 생각만 해도 끔찍합니다. 완전히 잘못 사용되고 있는 어리석은 말들을 집어치우고, 새로운 세계의 질서를 만들어나가야 합니다. 그렇지 않으면 위험한 무질서만이 우리를 맞이할 테니까요.

우리는 (우리가 지금껏 살아온 파괴 지향적인) 역사의 방향과 다르게 행동해야 합니다. 예전에 마르크스주의자들은 역사가 공산주의를 향해 가고 있다고 믿었습니다. 그러니 그대로 행동하면 된다고 주장했지요. 하지만 지금 우리는 그 역사가 어떤 방향으로 흘러가고 있는지 분명히 알고 있습니다. 대재앙을 향해 가고 있다는 것을 말입니다.

따라서 우리의 즉흥적인 성향과는 정반대로 행동해야 합니다. 그리고 얼마나 혼란스러운 상황인지를 명심해야 합니다. 저 또한 미래를 위해 어떻게 해야 하는지 해답을 가지고 있지는 않습니다. 지금까지 이야기한 오늘날의 현실을 깨달은 여러분이 현재의 규범을 넘어서는 생각을 시작하기를 바랄 뿐입니다.

2. 우리, 지구 우주선의 탑승자들

_ 어빈 라슬로

Ervin László

헝가리 부다페스트클럽(The Club of Budapest) 설립자이자 회장이다. 파리 소르본대학교에서 철학 및 인문과학 박사학위를 받았다. 일반진화연구단(General Evolution Research Group) 설립자이자 단장, 사립경제 및 윤리대학(Private University of Economics and Ethics) 총장을 역임했다. 2001년 일본 고이 평화상을 수상했으며, 2004~2005년 노벨 평화상 후보에도 이름이 올랐다. 우주, 생명, 의식에 대한 새로운 이해를 시도하고 철학, 과학 등 분야를 넘나드는 연구를 통해 시스템 철학과 일반 진화론의 기초를 세운 대표 학자다. 저서로는 『과학, 우주에 마법을 걸다』, 『의식혁명』(공저) 등이 있다.

제가 가지고 있는 몇 가지 생각들을 여러분과 함께 나눔으로써 현재와 미래의 문제들을 바라보는 하나의 방향성을 제시하고자 합니다.

오늘날 우리는 전체적인 맥락을 보지 못한 채 당장 눈앞의 문제만을 보려하는 경향이 있습니다. 하지만 그러한 시각은 옳지 못합니다. 더 큰 맥락, 즉 우주적인 맥락에서 볼 수 있어야 합니다. 그러면 우리가 우주의 일부이며, 우리의 문제 또한 우주 속에 있다는 전체적인 그림이 보입니다. 이것이 바로 전체론holism*적인 관점입니다. 다른 말로 시스템적인 관점이라고도 합니다. 일체성을 강조하기 때문입니다.

생명의 출현으로 시작된 지구 우주선

전체론은 과학계에서 새롭게 내놓은 관점이지만 그 뿌리는 수천 년 전까지 거슬러 올라갑니다. 기독교, 불교, 도교, 유교 등 세계의 주요 종교들은 기본적으로 우리가 전체에 속한 일부분임을 가르쳐 왔습니다.

전체론이라는 이 새로운 과학적 접근법으로 우리의 문제를 들여다보면 깨닫게 되는 점이 있습니다. 지금까지 우리가 전 세계의 문제를 처리해온 방식과 다르게 일부에 이로운 일이 반드시 전체의 이익으로 이어지지는 않는다는 것입니다. 하지만 전체 시스템에 이익이 된다면 우리에게도 이롭다는 것은 이제 분명해졌습니다.

그러므로 우리는 지구 생태계라는 전체적인 맥락을 보아야 합니다. 인간은 지구 생태계의 일부분입니다. 이러한 소속감을 망각하면 곧 문제가 발생합니다. 그래서 저는 '지구 우주선'이라는 개념을 사용합니다. 우리는 지구라는 우주선 안에 살고 있다는 뜻입니다.

이 우주선은 인공적인 것이 아닙니다. 삼성 같은 한국의 대기업이 만든 제품이 아니라는 것입니다. 이 우주선의 제조자는 자연

■ 남아프리카공화국의 정치가였던 스무츠(Jan Christian Smuts)가 처음 사용한 말로, '전체'는 부분의 총화라고 설명할 수 없는 성질을 가지며, 부분의 상호 관계에 의존하는 동시에 그러한 것들의 결합 양식으로서 부분을 통제한다는 뜻이다. 세계는 기계적으로 구성된 요소들의 집합이 아니라 여러 가지 상호 관계 속에 복잡하게 얽혀 있는 그물과 같다고 본다. 즉 전체를 이루는 각각의 요소들은 독자적으로 존재하는 것이 아니라 서로 유기적으로 관계하며 내면적으로 이어져 있으므로 세계는 분리된 부분들의 집합이 아니라 하나의 통합된 전체로 파악해야 한다는 주장이다.

이며, 이미 수십억 년 전에 만들어졌습니다. 지구상에 생명이 출현한 때가 적어도 40억 년 전이므로 이 우주선도 수십억 년은 되었을 것입니다. 그에 비하면 인류 문명의 발생은 최근이라고 할 수 있지요. 그렇더라도 꽤 오래전으로 거슬러 올라갑니다. 지구에서 문명의 역사는 약 2만 5000~3만 년 정도로 추측할 수 있습니다.

이제 인류의 문제를 지구 우주선이라는 맥락 안에서 살펴보겠습니다. 먼저 우주선은 어떤 특징을 지니고 있을까요? 우주선에는 그 안에 사는 모든 생명의 원천이 있습니다. 또한 우주선은 에너지의 흐름이라는 맥락 안에서 작동합니다. 에너지는 태양에서부터 행성으로 와서 행성 주위를 돌고, 또 태양 주위를 돌기도 합니다.

우주선 안에 있는 우리를 한번 상상해보십시오. 이 우주선은 우리가 살고 있는 지구입니다. 우리는 이 우주선의 탑승자이자 거주자입니다. 그리고 그 안에는 모든 자원이 있습니다. 그러나 인간은 그 자원을 고갈시키거나 오용해서는 안 됩니다. 우리에게는 전 세계인이 사용하기 충분하도록 그것들을 관리해야 할 책임이 있습니다.

이 우주선은 수백 년 혹은 수십억 년 동안 스스로를 잘 지켜왔습니다. 지구의 연대를 여러 시기로 나누어볼 수 있는데, 지금으로부터 약 2~3만 년 전으로 거슬러 올라갑니다.

주요 지질 연대 중에는 홀로세holocene*가 있습니다. 홀로세는 9700년 전부터 시작되었습니다. 마지막 빙하기 이후 가장 최근까지의 시기입니다. 그리고 20세기 중반부터 지구는 새로운 국면에 들어섰습니다. 생태계의 미래가 오직 자연 작용에만 달려 있던 시기가 이제 끝난 것입니다. 우주선 안에서 하나의 종이 큰 힘을 얻게 되면서 지구 생태계의 진화를 직접 선택하고 지휘하게 되었습니다.

그래서 인류학자들은 20세기 중반부터를 새로운 시기로 정의합니다. 바로 인류세입니다. 인류세는 인간의 시대라는 점에서 이전 시대와는 확연히 구분됩니다. 인간이 우주선의 미래에 결정적인 영향력을 행사하기 때문입니다.

이 지구 우주선은 그 자체로 살아 있는 하나의 거대한 생명권

• 1만 년 전에 시작되어 현재에 이르는 지질시대로 충적세, 현세, 후빙기라고도 한다. 홀로세라는 명칭은 1885년 만국지질학회에서 채택됐다. 플라이스토세 (Pleistocene) 말 최종 빙기의 최성기 이후 올라가기 시작한 기온은 홀로세에 더욱 상승해 대략 6000년 전을 중심으로 힙시서멀(hysithermal)이라 불리는 고온기를 맞이했으며, 이에 따라 해면도 현저히 상승해 세계 각지의 해안 저지에 해진이 발생했다.

입니다. 태양의 주위를 도는 이 복잡한 시스템은 항상 일정한 상태를 유지해야 합니다. 앞서도 말했듯이 지구는 자연 상태의 우주선입니다.

그리고 생명체에는 에너지가 필요하며, 우리의 우주선에도 에너지 흐름이 존재합니다. 마치 물레방아와 같다고 할 수 있습니다. 위에서 물이 떨어지면 터빈이 돌아가고, 그 물은 다시 아래로 빠져나갑니다. 상부 유입과 하부 유출 사이의 과정이 바로 물의 흐름이고, 이 흐름이 운동을 일으킵니다. 열역학적 운동이 발생하는 것입니다.

이 운동을 가능하게 하는 에너지의 원천이 우주선 주위에 있는 태양입니다. 우리는 그 태양에너지를 사용하고 있습니다. 이 지구 우주선 시스템의 특징은 에너지에 개방적이라는 점입니다. 태양에너지가 지속적으로 유입되며, 이 에너지는 모든 생명의 원천입니다.

에너지 흐름이 단 몇 주라도 중단된다면 지구상에 존재하는 대부분의 생명체는 사라져버릴 것입니다. 심해 생물이라면 몇 달은 견딜 수 있을지도 모르지요. 하지만 그 이상의 생존은 불가능합니다. 생명체에는 에너지가 필수적이고, 이 에너지는 태양이 공급해줍니다.

하지만 지구 우주선은 물질에 관해서는 제한적입니다. 여기서 물질이란 물적 자원을 이야기합니다. 만일 물질이 우주선 안으로 유입된다면 어떻게 될까요?

물론 다른 자원에 비해 쓸모가 적은 우주를 떠도는 운석 정도밖에 없겠지만요. 다만 그 운석이 너무 크지 않아서 대기권에서 다 타버리기를 바랄 뿐입니다. 다 타지 않은 운석이 지표면에 떨어지면 대재앙이 벌어질 테니까요. 공룡을 멸종시킨 재앙처럼 말입니다. 운석처럼 거대한 물질이 지구에 부딪히면 지구의 기후와 생태계 전체가 급변하면서 어떤 생명체도 삶을 지탱하기 힘들어질 것입니다.

그렇다면 지구에서 물질이 유출되는 경우는 어떤 때일까요? 요즘은 인공위성을 만들어서 중력장 밖으로 쏘아 올립니다. 그런데 그중 지구로 돌아오지 않는 위성들도 있습니다. 그것이 바로 지구에서 유출되는 물질입니다. 지구로 들어오는 운석이 있는가 하면, 지구를 떠나는 인공위성이 있는 것입니다. 하지만 이러한 것들은 지구의 열역학에 큰 영향을 미치지 않습니다. 그러므로 우리가 사는 우주선은 에너지에 개방적이고 물질에는 폐쇄적이라고 할 수 있습니다.

지구 우주선의 시스템은 어떻게 작용하는 것이 바람직할까요? 유입된 에너지를 이용해 우리의 몸과 인간 사회에 연료를 공급하고, 에너지 기술과 자원 기술 등을 개발해야 합니다. 우리가 하는 모든 활동에는 유입된 에너지가 필요합니다. 그리고 들어오는 것이 있으면 나가는 것도 있어야 하지요. 지구에서 우주의 주변부로 에너지가 방출되는 것입니다. 지구를 둘러싼 우주의 온도는 유입되는 에너지보다 훨씬 낮습니다. 거의 영도에 가깝지요. 에너지는 높은 곳에서 낮은 곳으로 끊임없이 흘러간다는 사실을 이를 통해서도 알 수 있습니다.

그러므로 우리가 지구라는 행성에서 지속적으로 살아가기 위해서는 전제 조건이 필요합니다. 무엇보다도 먼저 지구로 유입되는 '준準무한 에너지'를 통해 물질 기반의 시스템을 지탱해야 합니다.

다시 말해 인류와 모든 생명체, 생태계, 기후 등을 유지하는데 에너지 흐름을 이용하는 것입니다. 동시에 이 우주선에는 새로운 물질이 들어올 수 없으므로 이미 가지고 있는 자원을 활용해야 합니다. 여기에는 금속이나 미네랄 같은 화학물질과 물적 자원, 생물 자원이 모두 포함됩니다. 우리가 창조한 시스템을 유지하려면 이러한 자원을 이용해야 합니다.

우주에서는 생명이 진화해왔습니다. 지구는 물론이고 다른 행성에서도 그래왔을 가능성이 있습니다. 생명을 유지하려면 에너지와 자원이 지속적으로 유입되어야 합니다. 그래서 이미 보유한 물적 자원을 보호하고 재활용해야 합니다.

그렇지 않으면 우주선에 폐기물이 쌓이게 되는데, 그것이 바로 환경오염입니다. 그 물질은 더 이상 쓸모가 없는 것입니다. 지구에 있는 자원은 반드시 재활용해서 우리와 지구상의 모든 생명체를 위해 사용해야 합니다.

다음의 그림은 아주 기본적인 열역학 공장의 구조입니다. 한쪽에서 태양이 엄청난 에너지를 공급해주고 있습니다. 온도도 500~600K 정도로 아주 높습니다. 그것이 대기권으로 들어오면 운동이 시작되는데, 에너지가 흐르면서 생명이 탄생하는 것입니다. 이 구조 안에 모든 것이 들어가 있습니다.

그러므로 에너지를 재활용하는 것이 매우 중요합니다. 배터리 하나라도 함부로 버려서는 안 되며, 작은 것 하나도 재활용해야 합니다. 그러나 결국에는 더 이상 재활용되지 못하는 폐기물 에너지가 될 수밖에 없습니다. 그리고 그 폐기물 에너지는 열의 형태로 분출됩니다. 생명의 모든 현상은 이 열역학 공장이라는 맥락 안에서 일어납니다. 그 공장을 좋은 상태로 유지하는 것이 우리의 몫입니다.

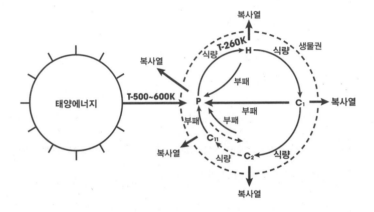

T=온도(켈빈, Kelvin) P=식물
H=초식동물 C_1=육식동물(먹이)
C_2-C_{11}=육식동물(먹이/포식자)

복사열

복사열

T-260K

식량   H   식량   생물권

태양에너지

T-500~600K

부패

P   부패 C_1 복사열

부패   부패

복사열 C_{11}

식량 C_2 식량

복사열

지구 우주선에서의 삶

생명의 모든 현상은 이 열역학 공장이라는 맥락 안에서 일어나며, 이 공장을 최상의 상
태로 유지하는 것이 우리의 몫이다.

지구 우주선에 존재하는 두 개의 시스템

지난 몇 백 년 사이 지구라는 우주선에는 두 개의 서로 다른 운영 시스템이 존재해왔습니다. 인간은 한때 자연적인 생명 유지 시스템에만 속해 있었습니다. 제가 지금 과거형으로 말하는 것은 최근 몇 백 년 사이 지구 우주선에 또 다른 열역학 시스템이 출현했기 때문입니다.

그 새로운 시스템은 인간이 직접 만들었습니다. 원자핵을 분열시켜 원자력이라는 에너지의 원천을 창조했고, 식물에 저장된 태양에너지를 축출해서 바이오매스라는 에너지도 새롭게 추가했습니다.

뿐만 아니라 에너지 사용법도 달라졌습니다. 그로 인해 에너지를 빠른 속도로 고갈시켜 폐기물을 생산하기도 합니다. 모두가 인간의 실질적인 필요 때문에 만든 것입니다.

우리에게는 두 개의 시스템이 있습니다. 자연적인 생명 유지 시스템과 인간의 사회 생태학적 경제 시스템입니다. 몇 백 년 전만해도 인간의 시스템은 전체 시스템의 일부였습니다. 자연 속에 내재하는 중요한 요소였지요.

우리는 스스로를 그러한 속박으로부터 분리했습니다. 이 새로운 시스템에 한계가 없다는 전제 조건하에서 말입니다. 필요한 에너지를 얼마든지 사용할 수 있다면 무엇이든 원하는 대로 할 수 있으니까요. 그래서 우리는 오용하고 낭비하며 착취했고, 삶에 필요한 기본적인 물질들을 제대로 재활용하지도 않았습니다.

지금 우리에게 주어진 과업은 우리 인간과 자연의 시스템 사이에 조화를 이루는 것입니다. 이것은 인류의 미래를 위해 반드시 선행되어야 할 조건입니다. 이 이야기는 잠시 후에 더 나누도록 하겠습니다.

자연적인 생명 유지 시스템과 인간의 사회 생태학적 경제 시스템, 이 두 시스템이 서로 조화를 이루며 동시에 작동해야 합니다. 하지만 현재 상태로는 지속이 불가능합니다. 두 가지 시스템이 분리되어 있기 때문입니다.

사회 생태학적 경제 시스템은 물질 기반의 시스템을 유지하기 위해 지구에 남은 마지막 화석에너지를 고갈시키고 있습니다. 지구 우주선 안에 있는 화석에너지를 마구 사용하고 있는 것이지요. 물론 태양에너지나 핵에너지의 활용 빈도가 높아지고는 있지만 여전히 화석 연료가 주를 이루고 있습니다.

이러한 이야기는 거의 언급되지 않고 있지만 핵에너지는 지구의 가장 기본적인 에너지 원천인 태양에서 얻어지는 것이 아닌 부가적인 에너지입니다. 우리가 기존에 에너지로 사용하지 않던 것들을 이 에너지 시스템 안으로 끼워 넣은 것입니다. 태양으로부터 온 에너지가 아닌 다른 에너지들을 말입니다. 그로 인해 에너지 균형이 변화하고 있습니다.

이 에너지 균형 변화가 초래한 결과는 어떨까요? 완전히 새로운 열역학 시스템이 만들어집니다. 대기가 뜨거워지고 자연의 균형이 깨져버립니다. 기후가 변하고 강우 패턴이 변하며, 토양 건조도가 변하고 해류가 변합니다. 주의를 기울이지 않으면, 엄청난 운이 따르지 않는 한 심각한 기후 변화를 맞이할 수밖에 없습니다. 유럽 대부분 지역의 생태에 영향을 미치는 멕시코 만류 Gulf Stream*를 예로 들어보겠습니다.

멕시코 만류가 유럽 북부까지 올라가지 못하면 유럽의 기후는 캐나다 북부와 비슷해질 것입니다. 영국과 스칸디나비아, 프랑스 북부와 독일이 캐나다 북부처럼 변하는 것이지요. 열대지방을 거쳐 온 멕시코 만류가 북극권으로 올려 보낸 따뜻한 에너지가 다시 유럽 지역으로 내려오면 유럽의 온도는 더욱 높아집니다.

- 멕시코 만에서 발원해 미국의 플로리다 해협, 영국 북부 등을 거쳐 노르웨이의 서해안에 이르는 해류를 말하며 북유럽 지방은 그 영향으로 온난하다.

멕시코 만류

인간의 무분별한 에너지 사용으로 초래된 지구 에너지의 불균형은 심각한 기후 변화를 일으켜 결국 인간의 삶에 심각한 위협을 가져왔다.

홈볼트 해류Humboldt Current* 역시 마찬가지입니다. 현재의 에너지 흐름과 동떨어진 에너지를 추가하면 균형이 무너질 수밖에 없습니다. 우리가 열역학 공장의 작동을 인위적으로 바꾸는 것입니다. 그렇게 되면 공장은 본래의 역할을 하지 못하게 되는데, 결국 고통을 받는 것은 지구라는 행성이 아닙니다. 지구에는 새로운 형태의 종이 출현할 테니까요. 그리고 그들은 새로운 에너지를 이용해 번성할 것입니다.

하지만 고등 포유류를 대표하는 인간이라는 종은 열역학 패턴을 이용하도록 만들어졌습니다. 마지막 빙하기부터 지금까지 1만여 년간 지속되어온 패턴이지요. 이 패턴을 바꾸는 것은 매우 위험한 일입니다. 그러므로 에너지 유입과 유출 사이의 균형을 유지하는 데 특별히 주의를 기울여야 합니다.

우리는 저장된 에너지를 고갈시키고 있습니다. 게다가 재활용도 하지 않고 다시 자연으로 내던져버리고 있습니다. 뿐만 아니라 자원을 무분별하게 착취하는 치명적인 일도 저지릅니다. 재활용

▪ 페루 해류(Peru Current)라고도 부르며, 남극 대륙 부근에서 발원해 남아메리카 서해안을 따라 적도 방면으로 흐르는 차가운 해류다.

이 가능한 자원도 있지만 어떤 자원들은 재활용에 너무 큰 비용이 듭니다. 또 재활용 자체가 불가능한 자원도 있지요. 그러면 우주선 안에 폐기물이 축적될 수밖에 없습니다.

우리는 지금 지구 우주선 안에 있는 화석 연료를 쓰고 있습니다. 그것은 이 우주선 안에 저장되어 있는 배터리입니다. 아직 태양으로부터 오는 에너지를 충분히 활용하지 못하고 있습니다. 그래서 물적 자원을 선택해 무분별하게 사용하고 버리는 것입니다. 이러한 것을 카우보이 경제학cowboy economics*이라고 합니다. 밧줄로 에너지 자원을 낚아채서 사용하고는 버려버리는 것입니다. 그러한 방식으로는 750만 명도 제대로 먹여 살릴 수 없습니다.

우리는 그것이 올바르지 않은 방법이라는 것을 모르지 않습니다. 우리 스스로 변해야만 한다는 것을 잘 알면서도 아직 변화를 이루지 못하고 있습니다. 시스템 전체가 물적 자원의 사용을 어쩔 수 없는 일이라고 여기며 새로운 에너지를 유입시키고 있습니다. 지속 불가능한 방식으로 에너지와 물질 자원을 사용함으로써 문제가 발생합니다.

빈부의 격차로 사회적 동요가 일어나고 있습니다. 저는 오늘날 우리가 직면한 주요 문제들을 최대한 많이 찾아내려 하고 있습니다. 그것은 곧 지구 우주선 내의 자원을 부주의하게 사용함으로써 제대로 분배하거나 개발하지 않은 결과입니다. 부자들에게 부가 몰리고 절대다수의 빈곤한 사람들은 점점 더 어려운 상황에 휘말립니다. 또한 토양이 건조해지고 기후가 변하며 태풍이 잦아지는 등의 문제가 발생합니다.

이는 여러분도 이미 아는 내용일 것입니다. 우리에게는 건강과 안전, 생태계 파괴 같은 문제들이 산재해 있습니다. 그리고 우리는 점점 더 이러한 문제들을 자각합니다. 하지만 전체적이고 시스템적인 맥락 안에서 문제를 바라보아야 합니다. 우리가 살고 있는 우주선이 올바르게 작동하고 있지 않기 때문입니다.

지구 온난화가 지구에 미칠 영향

대기 온도가 높아지고 있다는 것은 그중에서도 가장 심각한 생태학적 위험입니다. 인간의 생존에 물은 필수적이니까요. 기후가 변해서 지구의 대기가 뜨거워지면 강우량이 줄어들고 장마가 온다고 해도 땅이 아닌 바다에 뿌려지게 됩니다. 그러면 당연히 농업이 타

• 지구 자연환경을 무한하다고 인식하며 낭비하는 경제 행위를 말한다.

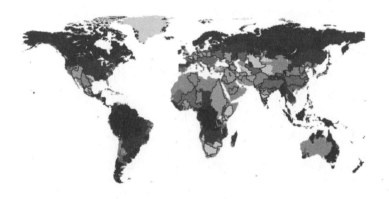

연간 강 유역 용수 공급량
(m³/명/년)

- < 500
- 500-1000
- 1000-1700
- 1700-4000
- 4000-10000
- > 10000
- No data

세계의 물 부족

온난화로 지구 전체가 사막화되면 쓸 수 있는 물의 양이 점점 줄어들어, 화성처럼 지구
에서도 생명체가 사라져버릴 날이 올지도 모른다.

격을 입을 수밖에 없습니다. 그래서 장기적인 결과를 보는 것이 매우 중요합니다. 비가 오지 않으면 지구 전체가 사막화되고 쓸 만한 물은 점점 줄어들 것입니다.

우리가 참고할 만한 좋은 예가 있습니다. 태양계에 한때 생명체가 존재했던 또 다른 행성이 있습니다. 바로 화성입니다. 화성 표면에서 물의 흔적이 발견되었으나 그 생명체는 사라져버렸습니다. 조심하지 않으면 지구도 같은 운명을 맞이할 수 있습니다. 지구에서 계속해서 생명체가 살아갈 수 있으려면 균형을 잘 유지해야 합니다. 온난화의 결과는 농업과 삼림 등 다방면에 걸쳐 나타납니다.

뿐만 아니라 현재 약 23억 명이 물 스트레스나 물 부족을 겪고 있으며, 그 숫자는 앞으로 50퍼센트까지 증가할 전망입니다. 지구 시스템 과학자가 아닌 이상은 잘 알지 못하는 한 가지 사실을 짚고 넘어가자면, 생명체는 균형이 맞도록 정교하게 통제된다는 사실입니다. 양성 피드백과 음성 피드백으로 균형이 맞춰지지요. 자동 온도 조절기는 일정 온도에 도달하면 난로의 작동을 멈춥니다. 그리고 가열을 멈추면 온도는 내려갑니다. 그러다가 최하 기준에 도달하면 난로가 다시 작동해서 온도를 높입니다. 이것이 '음성 피드백'인데, 이를 통해 균형이 맞춰집니다.

그런데 이 균형을 넘어서면 어떻게 될까요? 그러면 '양성 피드백'이 나타날 수 있습니다. 양성 피드백은 계속해서 같은 피드백을 주는 것입니다. 온도가 올라가면 난로를 켜서 온도를 더 높이고, 반대로 온도가 떨어지면 난로도 계속해서 끈 상태로 두는 것 같은 모순적인 상황이 발생합니다. 그래서 항상 같은 방향으로 유지되며, 이것이 오늘날 우리가 겪고 있는 일입니다.

예를 들어 극지방의 빙하가 녹으면 녹은 물은 얼음보다 어둡기 때문에 빛을 덜 반사합니다. 이렇게 빛을 반사하지 못하고 흡수하면 수온이 더 올라가고, 그러면 얼음은 더 녹게 됩니다. 극지방에서는 이러한 상황이 반복되고 있습니다. 빙하가 녹아서 바다로 흘러들어가는 물의 양이 늘어나고, 그러면 해수면이 올라가 지구 전체의 기온이 올라갑니다. 이것이 바로 양성 피드백입니다.

현재는 양가적 피드백이 계속되고 있지만 어떤 지점을 넘어서면 더 이상 우리가 통제할 수 없는 상황이 불시에 벌어질 것입니다. 지금까지가 단계적인 과정이었다면 이때는 기온이 급상승하고 기후가 대대적으로 변해버리는 현상이 나타날 것입니다. 서서히 점진적으로 일어나던 변화의 속도가 급격히 빨라지는 것이지요. 과학계에서는 이를 변곡점이라고 부릅니다. 흐름이나 방향이 갑자기 변하는 지점이라는 뜻입니다.

프린스턴대학교의 연구진에 따르면 대기 중의 이산화탄소 농도가 산업화 이전보다 네 배 증가하면 북반구의 평균 기온이 8~12도까지 상승한다고 합니다. 문명이 유지될 수 없을 정도의 기온 상승입니다. 농업은 불가능해지고, 지구상의 인류는 대부분 삶을 영위하지 못할 것입니다. 오늘날 이산화탄소 배출량인 '탄소 발자국'의 중요성에 대해서는 모두가 깨닫고 있습니다. 대기의 운명이 달린 일이니까요.

그렇다면 이러한 일이 벌어지도록 그냥 놓아두어야 할까요? 만약 그렇다면 우리는 최후의 재앙을 맞이할 가능성이 매우 큽니다. 이렇게 복잡한 상황이 닥치면 폭력이 증가할 테고, 이는 곧 대량 살상 무기의 사용으로 이어질 것입니다. 그 결과를 상상하는 일은 결코 어렵지 않습니다. 지구상에서 고등 생명체가 멸종해버리는 것입니다.

뿐만 아니라 방사능에 노출될 가능성도 있습니다. 지표면에서 물이 점점 더 빠른 속도로 사라지면 물을 둘러싼 전쟁이 일어날 수도 있습니다. 여러 가지 시나리오가 있겠지만 공통점은 모두 재앙입니다.

하지만 우리가 반드시 그러한 시나리오대로 가야 할 필요는 없습니다. 다른 방법을 찾으면 되니까요. 새로운 시대에 들어섰으니 얼마든지 변화할 수 있습니다. 인간이 행성을 지배하는 인류세가 새롭게 시작되었습니다. 하지만 그 변화를 위해서는 우리 스스로가 운명의 주인임을 깨달아야 합니다. 우리와 우리가 속한 세상을 파악하고, 중요한 것이 무엇인지를 인식하면 얼마든지 자신의 운명을 바꿀 수 있습니다.

새로운 시대의 첫 세대 혹은 지구 우주선의 마지막 세대

우리는 역사적으로 새로운 시대, 즉 지구에서 새로 시작된 인류세의 첫 세대가 될 수 있습니다. 반면 이 지구 우주선의 마지막 세대가 될 수도 있습니다. 저는 새로운 시대의 첫 세대가 되기를 희망합니다. 이를 위한 몇 가지 힌트를 드리겠습니다.

윤리 문제입니다. 윤리는 시간과 여유가 있을 때만 하는 철학적인 질문이 아닙니다. 무엇이 선한 일인지, 어떻게 행동해야 선을 최대화할 수 있는지를 묻는 아주 중요한 질문입니다. 단순히 자기만족을 위한 행동으로는 부족합니다. 우리는 자신보다 훨씬 큰 전체의 일부이기 때문입니다. 앞서도 이야기했듯이 일부에 이로운 것이 반드시 전체에도 이로운 것은 아닙니다. 하지만 전체에 이로운 일은 각 부분에도 이롭습니다.

지금까지 우리의 시각은 지나치게 좁았습니다. 우리를 둘러싼 커다란 시스템과의 본능적인 연결 혹은 조화를 잃었던 것입니다. 그래서 오직 자신의 이익만을 좇았습니다. 더 많은 부와 권력, 자원을 얻는 데 혈안이 되어 그 결과에 대해서는 생각하지도 않았지요. 물론 이제 그 결과의 심각성에 대해 깨닫기 시작했으니, 지금부터 고쳐나가면 됩니다.

자기중심적인 가치 체계는 모두에게 위험합니다. 한번 생각해보십시오. 암세포에는 어떤 가치 체계가 있나요? 암의 가치 체계가 무엇이지요? 바로 결과를 생각하지 않은 채 번식하는 것입니다. 몸의 나머지 부분들을 고려하지 않는 것입니다. 그래서 암세포가 번식하면 다른 기관들은 죽습니다. 이를 막기 위해 전체 시스템의 통제를 받아야 합니다.

이처럼 자기중심적인 윤리는 매우 위험합니다. 개인의 단기적인 이익이 반드시 사회나 공동체의 이익으로 이어지지는 않습니다. 장기적으로 본다면 개인에게도 이롭지 않습니다. 그러므로 인류와 자연 모두에게 이로운 윤리로 옮겨가야 하며, 인류세의 윤리와 환경중심적인 윤리를 개발해야만 합니다.

요점은 지구의 생명 공동체에 위험이 되는 모든 것은 비난받아야 한다는 것입니다. 폭력과 전쟁, 오해, 적대감 같은 것들이 그렇습니다. 자원 낭비와 인간의 위엄을 과소평가하는 행위도 마찬가지입니다. 우리를 둘러싸고 있는 세상과의 조화를 결코 과소평가해서는 안 됩니다.

지금 우리는 급작스러운 변화의 시점에 와 있습니다. 찰스 다윈으로부터 내려온 전통적인 사상이나 현대 산업사회의 윤리 정신도 조금씩 변화하고 있습니다. 여기서 무언가를 개선하면 저기서 더 나은 결과가 나옵니다. 어떤 면에서는 스스로 조금씩 변화를 만들어가고 있기도 합니다.

이러한 변화는 당분간 지속될 것입니다. 우주선이라는 시스템 안에 있는 모든 종은 끊임없이 변화하는 중이기 때문입니다. 계속적인 변동 상태인 것이지요. 마찬가지로 여러분의 신체도 계속해서 변화하고 있습니다. 혈액의 온도만 재보아도 끊임없이 변화하고 있다는 것을 확인할 수 있습니다. 그뿐 아니라 혈당이나 뇌파 등도 지속적이며 끊임없이 변화합니다. 그러면서도 계속해서 표준 상태로 돌아갑니다.

그러나 이러한 변동이 도를 넘어서면 앞서 이야기한 것처럼 부정적인 피드백이 생깁니다. 그 결과 같은 시스템이 반복되고 표준 상태로 돌아갈 수 없게 됩니다. 그러면 인간의 생물학적인 몸은 어떻게 될까요? 죽을 수밖에 없습니다.

그러나 사회의 경우는 반드시 죽지만은 않습니다. 스스로 재프로그래밍이 가능하기 때문입니다. 그러면서 새로운 가치와 관행이 만들어집니다. DNA를 바꿀 수는 없지만 사회적 가치는 바꿀수 있습니다. 또한 사회 안에서 작용하는 규칙도 바꿀 수 있습니다. 이 지점을 넘어서면 시스템의 안정성을 확보하고, 역동적인 분출과 집중이 일어나는 진화의 두 번째 단계로 나아갑니다. 연속적인 진화에서 불연속적인 진화라는 새로운 차원으로 넘어가는 것입니다. 다만 그것이 어떤 차원인지는 우리 스스로 알아내야 합니다.

지금 우리에게 필요한 규범과 원칙

마지막으로 우리의 미래를 안내해줄 중심 가치를 찾는 데 필요한 규범 혹은 원칙은 무엇인지에 대해 이야기해보겠습니다.

이제 우리는 대립과 폭력의 단계에서 평화와 생태의 단계로 넘어가야 합니다. 이를 위해서는 교훈과 교육이 필요합니다. 우리의 생활양식과 가치, 세상을 향한 야망과 열망이 서로 조화를 이룰수 있는 방법을 찾아야 합니다. 그렇지 않으면 앞서 이야기했던 것처럼 재앙의 시나리오가 펼쳐져 인간은 물론 모든 생명이 멸망할 것입니다.

그것은 결코 우리가 바라는 바가 아닙니다. 또 그렇게 되어야 할 이유도 없습니다. 인간은 의식을 지닌 종입니다. 그 의식을 통해 새로운 차원, 즉 함께 평화롭게 살아가는 더 높은 차원으로 올라설 수 있습니다.

인류 역사에는 많은 시기와 시대가 있었습니다. 신화의 시대에서 유일신의 시대를 거쳐 이성적인 문명의 시대에 이르렀습니다. 중세 유럽에는 고대 신화와 기독교가 섞여 있었고, 동양에서는 도교, 유교, 불교가 중세부터 지금까지 수세기에 걸쳐 자리하고 있습니다.

이제는 각 문명을 분리할 수 없는 시대로 들어섰고, 이는 곧 문명의 화합이 필요한 시대임을 의미합니다. 이는 각 문명이 하나로 통일된다는 것이 아니라 지구 우주선의 한계 안에서 각자의 방식으로 살아간다는 뜻입니다. 그것이 전체론적인 문명입니다. 우리의 몸은 하나의 세포나 기관으로만 이루어져 있지 않습니다. 여러 세포와 기관의 협력과 교류로 작동하지요. 그러므로 우리는 서로 협력하면서 생명의 다양성을 유지하는 법을 배워야 합니다.

그 열쇠는 바로 우리의 의식입니다. 결국에는 세상을 어떻게 바라보고, 그 안에 있는 자신을 어떻게 보느냐 하는 문제입니다. 여기서 말하는 의식이란 우리가 누구이며 이 세상은 어떤 곳인지에 관한 것입니다. 그 의식이 변해야 합니다.

우리가 자연 위에 새로운 시스템을 만든 것이 약 300여 년 전입니다. 그 후로 우리의 관점과 정신이 바뀌었습니다. 인간을 자연계에서 뚝 떼어 자연과 우주 위에 군림하는 특별한 존재로 생각하게 된 것입니다.

그러한 오해가 수많은 문제를 발생시켰습니다. 에너지 자원을 오용하고, 권력으로 서로의 관계를 망쳐놓았습니다. 이제는 바뀌어야 합니다. 부다페스트 클럽*에서 주장하는 이른바 지구 의식**을 발전시켜야 합니다. 이는 상호 의존적인 생각과 감정, 지식을 말하는 개념으로 우리가 지구에서 살아가기 위한 전제 조건입니다.

이제 우리는 새로운 정체성을 만들어야 합니다. 우리는 지구

• 인류와 지구의 미래를 위해 어빈 라슬로가 설립한 비영리·비정부 국제단체를 만한다. 미하일 고르바초프(Mikhail Gorbachëv), 달라이 라마(Dalai Lama), 파울로 코엘료(Paulo Coelho) 등 인문, 사회, 예술, 정신 등 각 분야의 저명인사들이 참여하고 있으며 전 세계 15개 국가에 지부를 두고 있다.

•• 국가나 개인 중심적인 사고가 아니라 지구 모든 생명체의 존중을 기반으로 하는 생각과 감정 지식을 말한다.

우주선의 가족 구성원입니다. '나'와 '너'가 아닌 '우리'입니다. 이렇게 말하고 생각하는 법을 배워야 합니다. 우리는 서로 다르지만 한 가족 안에 속해 있습니다. 그리고 우리의 미래 또한 서로 연결되어 있습니다. 지구시민으로서의 의식을 갖는 것이 중요합니다. 자기중심적인 의식이나 사회적인 의식이 잘못되었다는 말이 아닙니다. 그러한 의식의 중요성을 부정하는 것이 아니라 이러한 것들이 모여 더 큰 차원의 의식을 이루어야 한다는 뜻입니다.

환경중심적인 의식도 그 안에 포함됩니다. 우리는 사회적 이익과 환경적 이익 사이의 갈등을 피해야 합니다. 그 두 가지는 양자택일의 대상이 아닙니다. 더 큰 그림을 보면서 지구 우주선의 질서를 지켜야 합니다. 그러한 의식이 있을 때 우리에게 필요한 것을 깨달을 수 있습니다. 우리에게 필요한 것은 처방전이나 타인의 가르침이 아니라 우리 스스로 지구 우주선이라는 커다란 단위의 일부라는 사실을 깨닫는 일입니다.

의식을 진화시키는 것도 중요합니다. 진화를 우리의 머릿속으로 끌고 와야 합니다. 우리 몸의 DNA 속에 심어져 있는 진화가 아니라 사회의 진화, 지구에서의 우리 삶의 진화를 말하는 것입니다. 그 가능성은 인간 행동 패턴에 새겨져 있습니다. 인간의 행동을 통해 이 행성이 진화하게 됩니다.

우리가 새로운 시대의 첫 세대가 될 수 있느냐 하는 것은 여러분의 선택에 달려 있습니다. 저는 이러한 문제들을 환기시키기 위해 부다페스트 클럽을 설립했습니다. 새로운 정신과 윤리가 필요하다는 것을 사람들에게 이해시키기 위해서입니다.

그리고 새로운 문화도 필요합니다. 그것은 지적인 문화가 아닌 감성적인 문화로서 음악, 춤, 문학, 시 등 여러 방법으로 표현할 수 있습니다. 독립적이고 물질적인 문화나 모든 것을 분리시키는 문화, 돈을 숭배하는 문화여서는 안 됩니다.

또한 함께 일하고 진화해야 한다는 사고가 세상을 지배해야 합니다. 모든 존재가 서로 영향을 주고받으며 변화한다는 불교의 아름다운 개념처럼 우리는 하나의 원천에서 나왔으니 함께 진화해야 합니다. 우리의 미래는 이러한 공동 진화에 달려 있습니다. 우리는 의식적인 존재이며 서로가 하나라는 사실을 서서히 깨달아가고 있기에 공동 진화는 충분히 가능합니다.

마지막으로 한 가지 단어를 강조하고 싶습니다. 과학계에서 사용하는 '간섭성coherency'이라는 단어입니다. 간섭성은 서로 접촉하며 책임감을 느낀다는 뜻입니다. 하나의 시스템에서 서로 커뮤니케이션하는 것입니다. 한 명이 한 일을 다른 사람이 느끼고, 몸속 세포 하나가 느낀 것에 다른 세포와 기관들이 반응하는 것입니다.

우리는 이러한 간섭성을 회복해야 합니다. 간섭성은 조화와 일치를 추구하는 동양 문화에서도 낯설지 않는 개념입니다. 그러므로 지구 우주선에서 이 간섭성이 회복되어야 합니다. 지구 우주선은 지극히 기술적인 개념이고 간섭성은 영적인 개념입니다. 그 기술적인 개념을 간섭성의 회복에 사용해야 합니다.

그렇게만 된다면 지구의 미래는 밝을 것입니다. 하지만 지금은 누구도 미래를 예측하기 어렵습니다. 그러므로 우리 스스로 최선을 다해 밝은 미래를 만들어나가야 합니다.

지구 우주선 탑승자를 위한 의식 전환 매뉴얼

지금까지 전체론적 사고, 다시 말해 모든 것은 서로 연결되어 있다는 개념의 중요성에 대해 이야기했습니다. 또한 물질의 시대는 가고, 양자量子의 시대가 왔다는 이야기도 했습니다. 그렇다면 전체론적 사고의 시대가 의미하는 것은 무엇일까요?

우리는 우주가 서로 연결되어 있으며, 근본적으로 하나라는 사실을 재발견하고 있습니다. 의식은 하나이고 생명도 하나이며 은하의 형성도 하나의 방향으로 진행됩니다. 우주가 홀로그램을 투사한 영상이라고 한번 생각해보십시오. 지금 들어도 아주 흥미로울 만큼 굉장히 관념적인 개념입니다.

홀로그래프 이론은 1980년대에 데이비드 봄David Bohm이 자신의 저서를 통해 처음으로 주장한 이론입니다. "우리가 인지하는 우주는 두뇌를 통해 보이는 홀로그램적 영상이다"라고 말입니다.

그리고 후에 세계적인 물리학자 헤라르뒤스 엇호프트Gerard 't Hooft가 "그러므로 홀로그램의 원본이 되는 물질은 사라지지 않고 남는다"라고 말하며 이 이론을 발전시켰습니다. 우주가 홀로그램이라는 이론을 믿기 어려울 수도 있지만 이 이론을 통해 우주의 바탕에 깔린 물리 현상의 근원이 무엇인지를 알 수 있습니다.

우주에서는 서로 분리된 개별 물질이 아니라 특별한 방식으로 정형화된 에너지가 발견됩니다. 정보라는 개념은 아주 기본적이면서도 중요합니다. 정보가 세상을 지배하고 있으니까요. 자연은 그 명령을 받고 특정한 방식으로 행동합니다. 절대 따로 분리된 물질로서 행동하지 않습니다. 이전과는 완전히 다른 개념이지요. 이 이론의 세부적인 내용은 계속해서 바뀌고 있지만 기본 개념만큼은 그대로입니다. 우리가 진화하는 우주 과정의 현상이라는 것입니다.

따라서 물질적이고 지엽적이며 현실적인 개인주의적 관점을 버려야 합니다. 내가 지금 여기에 있다는 인식에서, 나는 지금 여기 있지만 미래에도 존재하면서 영향을 미치고 과거에도 영향을 주었다는 인식으로 변해야 합니다. 저는 여기 있으면서 저기에도 있고, 여러분과 주변 모든 것들에 영향을 줍니다. 하나의 입자로서 다른 입자들과 서로 얽혀 있는 것입니다.

우리는 작게 나눌 수 있는 개별적인 물질이 아닙니다. 이것은 새로운 정신이자 방향성 혹은 의식입니다. 지금 이야기하는 이론 하나하나를 모두 믿으라는 말이 아닙니다. 계속해서 연구 중인 이론들이니까요.

하지만 양자라는 개념은 중요합니다. 양자는 상호 의존적이고 상호작용을 하며 기존의 시간과 공간 개념에 제약을 받지 않습니다. 즉각적으로 전체의 일부가 되지요. 그것이 이 개념의 핵심입니다. 우리가 스스로 지구에서 무슨 일을 하고 있는지 깨달아야 합니다. 지구는 거시적인 양자 시스템이며, 우리는 그것에 아주 필수적이고 즉각적인 영향을 미칩니다. 우리가 바로 알아채지 못해도 그 영향은 분명히 존재합니다. 우리의 행동이 다른 모든 것에 영향을 끼칩니다.

마하트마 간디는 "세상이 변하기를 바란다면 스스로 변화하라"라는 직관적인 말을 남겼습니다. 여러분이 변하면 여러분의 의식이 변합니다. 그럴 때 진정으로 큰 변화가 일어납니다. 우리에게는 행성 의식이 필요합니다. 우리는 개별적인 기계 부품이 아니라 지구라는 큰 생명 공동체의 일원이며, 지구는 우주 공동체의 일원임을 인식해야 합니다.

현대물리학에서는 빅뱅 이론을 우주의 시작이라고 이야기하지만 저는 빅뱅 이전에 존재했던 세계가 있다고 생각합니다. 한 예로 다중우주론이라는 시나리오가 있습니다. 다른 우주가 무수히 존재한다는 이론으로 물리학자 프레드 호일Fred Hoyle 등이 주장했습니다. 이 이론에 따르면 우주는 이따금 여러 사건을 만들어내는데 빅뱅이 아니라 여러 번의 '뱅', 즉 폭발이 있었다는 것입니다. 주기적으로 진화하면서 우주를 만들어내는 양자장이 있다는 이야기입니다. 우주가 수명 주기를 다하면 양자장으로 들어가 재생된다는 주장입니다.

우주는 일시적인 과정이기 때문에 우주 진화에 관한 현존하는 모든 시나리오의 결말은 우주의 종말입니다. 이 우주에서 발생한 모든 것, 예를 들어 생명의 경우 무한할 수 없습니다. 기간이 정해져 있지요. 그 기간이 지나면 어떤 복잡계도 존재할 수 없습니다. 몇 년 전에 밝혀진 바로는 우주의 팽창과 수축이 균형을 이루더라도 복잡계는 영원히 존재할 수 없습니다. 새로운 별이 만들어지지 않고 기존의 별들은 블랙홀이 되어버리기 때문입니다.

이 관점에서 놀라운 것은 창조된 우주가 기억을 갖고 있다는 점입니다. 각각의 우주는 이전 우주의 기억을 바탕으로 만들어집니다. 하나의 우주에서 진화한 의식이 거기서 끝나지 않고 다음 우주의 탄생에 관여할 수 있습니다. 인간의 육체와 정신도 마찬가지입니다. 육체는 물론이고 정신 또한 힌두교나 불교 같은 동양의 영적 전통에서 보면 연속적인 과정이며 다시 태어날 수 있습니다. 우주처럼 말이지요.

오늘날까지도 물리학계에는 빅뱅 이후 모든 것이 무작위적인 과정으로 생겨났다는 주장이 있습니다. 그러나 그러한 우연으로 복잡계를 설명할 수 없다는 것은 이미 증명된 바입니다. 우연히 그러한 복잡계를 창조했다고 주장하기에는 우주의 나이가 너무 어립니다.

한 가지 더 언급하자면, 앞서 언급했던 프레드 호일이 계산을 해봤습니다. 여러분도 각 면에 다른 색이 칠해진 정육면체의 큐브를 아실 것입니다. 프레드 호일은 이 큐브를 아무 정보도 없이 우연에 맡긴 채 맞추려면 얼마나 많이 돌려야 하는지를 계산했습니다. 한 번 돌리는 데 걸리는 시간을 1초로 계산하자 우주의 나이보다 더 긴 시간이 필요하다는 결론이 나왔습니다. 순전히 우연에만 맡기면 큐브 하나조차 제대로 맞추지 못할 확률이 높습니다.

오늘날 전 세계적으로 인공지능이 화두입니다. 그리고 많은 사람들이 언젠가는 인공지능이 인간의 의식을 대체할 것이라고 예측합니다. 그래서 결국 과학의 발전으로 이러한 메커니즘을 기계가 그대로 복제할 수만 있다면, 즉 빅데이터가 축적될 수만 있다면 기계도 의식을 가질 수 있는 것이 아닌가 하는 이야기들이 제기되고 있습니다. 여기에는 근대적인 개념, 즉 의식이 뉴런의 상호작용에 의해 만들어진다는 개념이 깔려 있습니다. 그러나 의식을 설명하는 개념은 매우 다양합니다. 단순히 의식이 두뇌의 소산물이라면 두뇌는 뉴런의 패턴을 조정해서 의식을 만들어낼 것입니다. 그렇다면 인공 시스템으로 이 패턴을 복제해도 의식이 만들어질 수 있겠지요.

하지만 저는 두뇌가 의식을 생성한다는 주장에 동의하지 않습니다. 오히려 반대하는 쪽입니다. 제 생각에 의식은 두뇌의 소산물이 아닙니다. 근대적 개념이 옳다면 두뇌가 작동하지 않을 경우 의식도 사라져야 합니다. 하지만 일시적이든 영구적이든 두뇌가 멈춘다고 해도 의식이 지속된다는 증거는 많습니다. 병원에서 뇌파가 '0'으로 나오면 의식이 없어야 하지요. 하지만 그러한 상태에서도 의식이 있는 환자가 약 500만 명 정도로 추산됩니다. 뇌파가 일직선을 그리고 있는데도 말입니다.

의학계에서 이러한 보고는 수없이 나오고 있습니다. 그리고 그중 일부 환자들은 거의 사망에 가까운 상태입니다. 그러므로 신체가 죽어도 의식은 남는다고 할 수 있으며, 뇌가 의식을 만들어냈다면 이는 불가능한 일입니다.

우주와 자연에도 의식이 있다면 우리는 뇌를 통해 그것을 인식할 수 있습니다. 그것은 마치 TV 프로그램과도 같습니다. TV 수신기를 켜면 프로그램이 나오는 것처럼 말입니다. 어떤 수신기를 켜도 주파수만 맞추면 같은 프로그램을 볼 수 있습니다.

이처럼 의식은 보편적인 현상입니다. 의식이 두뇌의 소산이라면 절대로 설명할 수 없는 부분입니다. 두뇌가 시각 등의 감각 자극을 해석할 수는 있지만 초월적인 경험과 같은 그 이상의 차원을 어떻게 해석할까요?

인간의 뇌는 수신기라고 할 수 있습니다. 그렇다면 생물학적인 수신기가 아닌 다른 수신기를 만들어서 자연의 의식을 수신할 수 있을까요? 인간은 아주 복잡한 시스템입니다. 뇌는 너무 복잡해서 아직까지 복제가 불가능합니다. 어떤 프로그램이나 특정한 요소라면 몰라도요.

그래서 저는 우주의 의식을 수신할 수 있는 인공 수신기를 만드는 것은 아직 불가능하다고 생각합니다. 우리의 의식은 지금 현재의 뇌에만 있지 않습니다. 세상에 태어났을 때부터 인지해온 모든 것과 전생의 기억들, 다른 모든 사람들의 기억이 합쳐진 것입니다. 이렇듯 의식이란 초월적인 것입니다. 그래서 심리학계에서도 '자아 초월 심리학'을 연구하는 것이지요. 자아를 초월하는 경험은 심리학 연구의 기본입니다.

전체론적 사고의 시대가 의미하는 것

저의 첫 직업은 음악가였습니다. 피아니스트였지요. 그때부터 스스로 철학적인 질문을 했습니다. 음악을 통해 느끼는 감동이 있었거든요. 음악가들은 연주가 잘 되고 관객들이 호응을 해주면 아주 깊은 일치감을 느낍니다. 그것은 일반적인 시공간을 넘어서는 일입니다.

그러다 보면 일상 너머에 무언가가 있다는 생각을 하게 됩니다. 종교와 같은 영적 경험이나 예술과 같은 미적 경험도 마찬가지입니다. 윤리적인 경험이나 사람들과 함께할 때 느끼는 협력의 경험도 그렇습니다. 오늘날에는 흔한 개념이 되었지만 사랑을 하는 것도 이와 다르지 않습니다. 따라서 의식은 두뇌 작용만으로 한정할 수 없습니다. 그보다 훨씬 심오한 차원이기 때문입니다. 그래서 인간의 두뇌처럼 의식을 수신하는 인공지능은 만들기 힘들 것이라고 생각합니다.

의식은 매우 중요합니다. 의식은 어떤 물질적인 것보다 훨씬 더 중요하며, 어떤 물리적인 진화보다도 중요하다고 생각합니다. 자연은 수백, 수억 년의 진화를 거쳐 왔습니다. 우리가 아무리 뛰어난 기술을 이용한다고 해도 이것을 복제할 수는 없습니다. 아직까지 우리는 인위적으로 생명을 만들어내지 못합니다. 그러나 생명은 계속해서 탄생하고 있습니다. 자연계에서 말이지요. 그래서 자연은 지속적인 진화가 가능합니다. 바로 이것을 온전히 도입하는 것이 진짜 기술이라고 생각합니다.

한 세대에서 다른 세대로 넘어갈 때, 예전의 것을 모두 다 버리는 것은 아닙니다. 예전의 것을 통합시키고 그것을 초월해 한 단계 더 높은 차원으로 끌어올리는 것입니다. 모든 진화는 학습에 기반을 두었다고 봅니다. 그래서 과거를 잊으면 안 됩니다. 과거가 나를 지배하도록 하는 것이 아니라 내 미래의 일부가 되도록 만들어야 합니다. 의식적으로 나의 일부가 되게 하는 것입니다.

제가 불교에 관심을 갖게 된 것은 세상이 무엇일까, 또 자연은 무엇이며 마음은 무엇일까에 대한 공부를 하다가 수백만 년 동안 존재해온 불교를 발견하게 되면서부터입니다. 그러니까 어느 날

갑자기 불교를 믿게 된 것이 아니라 불교를 발견하게 된 것입니다. 마음은 보편적인 것입니다. 마음은 끊임없이 진화하고, 이로써 우리의 의식도 여러 형태로 진화하고 또 재발견됩니다. 과학을 통해서 말이지요.

헤겔은 "진리는 전체다"라고 이야기했습니다. 자연에서 우리가 만들어내는 것은 자그마한 완전체이며 이 자그마한 완전체들이 모여서 큰 완전체를 만듭니다. 수소 분자가 모여서 다른 분자가 되고, 또 많은 분자들이 모여서 새로운 것을 만들어냅니다. 그것이 바로 사회입니다.

그러므로 사회는 하나하나가 모여 응집력 있는 조화를 이루어야 합니다. 모든 사람들이 개별적인 정체성을 가지고 살아가며 스스로 진화하지만 그러면서도 다른 존재를 해쳐서는 안 됩니다. 함께 일하지만 서로 대적해서는 안 된다는 것입니다.

다소 영적으로 들릴 수도 있겠지만 이는 실제 세상에서 얼마든지 실천이 가능합니다. 우리는 모든 사람이 함께 번영할 수 있는 전체적인 시스템을 만들어야 하고, 모든 사람에게서 선을 발견해야 합니다.

그러나 오늘날, 사실 여기에 대해서는 이렇다 할 대안을 가지고 있지 못합니다. 그 결과 폭력을 폭력으로, 테러를 테러로, 전쟁을 전쟁으로 대응한다면 우리가 우리 스스로를 죽이는 비극적인 결과를 낳을 수밖에 없습니다.

우리가 원하는 것은 단순히 지적인 변화가 아니라 어떤 체험적인 변화입니다. 변하지 않으면 문제에 봉착한다고 말로 하는 것이 아니라 마음 깊이 진정으로 변화를 원하고 내면의 세계를 재발견하는 것입니다. 이것이 정말 우리가 할 일이며, 그것이 곧 영성을 가진 사람입니다.

제가 한국 문화에 대해 완전히 이해하기는 어렵습니다. 하지만 엄청난 문화유산을 지녔다는 것은 잘 알고 있습니다. 거기에는 불교와 유교, 기독교 등의 다양한 전통이 섞여 있습니다. 이러한 전통이 사람들 안에 깊이 뿌리내리고 있어서 한국인들과 대화를 나누다 보면, 조화를 이루고 윤리적으로 살아야 하며 삶은 유한하지 않다는 등의 이야기가 술술 나옵니다. 이러한 전통이 한국인들의 무의식에 깔려 있습니다.

뿐만 아니라 기술적으로도 놀라울 만큼 도약했습니다. 저희 집에도 삼성 TV와 냉장고가 있고, 저는 휴대전화도 삼성 제품을 사용합니다. 그만큼 전 세계에 한국의 기술이 전파되지 않은 곳이 없습니다.

그러한 의미에서 한국은 오늘날 세계에서 아주 중요한 입지를 차지하고 있습니다. 그만큼 한국은 유리한 위치에 서 있습니다. 놀라운 발전을 이루었고 기술과 지적 배경, 유구한 전통, 교육 시스템도 갖추었습니다. 그것의 활용 여부는 여러분의 몫입니다. 이 모든 것을 다시 생각해보고 남의 뜻대로 움직이는 대행자가 아닌 정보를 통해 사이버 세상을 지휘하는 지배자가 되기를 바랍니다. 정보를 제때 적절히 활용한다면 그보다 강력한 힘은 없습니다.

오늘날 전체론적인 사상이 힘을 얻고 있지만 정치와 경제, 교육 시스템 등을 바꾸려면 아직 힘이 부족합니다. 계속해서 그 변화를 몰고 나가는 것이 우리의 과제입니다. 한국인의 무의식적인 배경과 전통이 기술 발전의 길을 이끌었으면 합니다.

자연을 착취하거나 자연에서 분리되지 말고, 또한 돌이킬 수 없는 일을 만들지 마십시오. 자원을 재활용하고 자연을 살리면서 좋은 정보의 흐름을 만들어냈으면 합니다. 여기서 정보의 흐름이란 밝은 미래를 위한 교육을 의미합니다. 유치원에서부터 초등학교를 거쳐 대학까지 전 과정에 걸쳐 이러한 교육이 이루어져야 합니다. 간섭성과 일체성, 조화를 강조하는 교육 시스템을 통해 한국인 안에 잠재해 있는 직관적인 통찰력을 전 세계에 보여주시기 바랍니다.

3. 보편성을
다시 생각하다

_ 쑨거

孫歌

중국 사회과학원 문학연구소 연구원이다. 지린대학교에서 중국언어문학부를 졸업하고 도쿄 도립대학교에서 정치학 박사학위를 받았다. 일본 도쿄대학교, 미국 워싱턴대학교, 독일 하이베르크대학교, 한국 연세대학교 등에서 객원 교수로 체류했다. 서구 중심의 아카데미즘에서 벗어나 동아시아의 의식과 담론을 구성할 것을 강조하는 동아시아의 대표 비판적 지성인이다. 저서로는 『중국의 체온』, 『다케우치 요시미라는 물음』, 『사상을 잇다』(공저) 등이 있다.

오늘 이 자리에서는 아시아의 문제를 직접 다루기보다는 '보편성을 되묻다'라는 주제를 매개해 아시아의 문제를 사고해보고자 합니다. 우리가 아시아의 문제를 생각할 때 혹은 아시아의 사람으로서 세계를 향해 의견을 제시할 때라면 맞닥뜨리게 되는 기본적인 인식론의 문제가 있습니다. 바로 보편성의 문제입니다.

보편성의 재해석

사실 보편성이란 철학가들 사이에서나 거론되는 전문적인 개념이라서 우리 같은 일반인은 생각해볼 기회를 그다지 가져보지 못합니다. 하지만 학술계라고 한들 논의가 충분했다고는 말할 수 없을 것입니다.

가령 저의 제자 중에 인류학을 연구하는 친구가 있는데, 어느 날 그 친구가 그러더군요. 제 논문을 읽다 보니 아시아인의 보편성에 관한 언급이 나오는데, 인류학자들에게는 거리가 먼 원론적인 이야기로 느껴졌다는 것입니다. 왜냐하면 인류학자들은 다양한 경험을 바탕으로 하기에 보편성의 문제를 논의할 필요가 없기 때문이라고 하더군요.

그래서 제가, 그렇다면 인류학자로서 현재 어떤 문제로 고민하고 있느냐고 물었습니다. 그러자 현재 인류학자들이 가장 고민하는 문제는 각 지역의 경험이 너무나 파편화되어 있어서 하나의 원리로 설명하는 데 어려움이 많다는 것이라고 말했습니다. 그래서 "자네가 말하는 그 어려움이라는 게 바로 보편성의 문제야"라고 알려주었습니다. 바로 이처럼 우리는 보편성을 '하나로 묶어낸다'는 식으로 사고하고 있습니다. 그것이 문제입니다.

세상에는 다양하고 특수한 현상과 고유한 문화가 존재하며, 또 거기서 살아가는 사람들이 존재합니다. 그래서 우리는 이렇듯 다양하고 복합적인 대상과 마주하면 종종 고민에 빠집니다. 이처럼 다양한 대상을 다루면서 단일하고 추상적인 명제와 결론을 끌어내지 못한다면 해석에 실패한다고 여기는 것입니다.

이것이 바로 인류학자인 저의 제자가 이야기했던 파편화의 문제입니다. 이른바 파편화의 문제란 것은 각기 다른 방식으로 존재하는 다양한 대상을 하나로 통합하지 못할 때 생겨납니다.

경험을 한 가지 더 꺼내볼까요. 1여 년 전쯤 저는 중국에 있는 한 미술관과 함께 국제 미술 전시회를 기획한 적이 있습니다. 전시회의 주제는 아시아의 역사 사건이었습니다. 말하자면 아시아를 주제로 한 전시회였죠. 저는 그 전시회의 이론 부분을 맡아 준비 기간 동안 큐레이터들과 몇 차례의 토론회를 가졌습니다.

토론회를 통해 우리는 아시아가 전 세계에서 가장 다양한 문명을 품은 지역이라는 것을 깨달았습니다. 그리하여 우리는 특정한 문화에 근거한 표상이나 해석 방식으로는 아시아를 말하기 어렵다는 문제에 봉착하고 말았습니다.

그때 한 큐레이터가 의견을 냈습니다. 우리가 아시아의 이러한 다양성을 하나의 주제로 모아내지 못한다면 이번 전시회는 성공하기 어려울 것이라고요. 그 하나의 주제란 과연 무엇일까요? 유럽과 미국의 큐레이터가 이렇게 말했습니다. 그것은 바로 근대성이라고 말입니다.

하지만 저는 이러한 사고방식에 의문을 갖습니다. 왜 이 세계를 하나의 모델로 통합해야만 할까요? 다양성은 그냥 다양한 방식으로 존재하면 안 되는 것일까요? 이것이 보편성의 원리에 대해 사고하게 된 저의 출발점입니다.

각양각색의 다원화된 세계를 대할 때 우리는 왜 굳이 단일화된 목표나 대상을 가지고 이야기해야 하는 것일까요? 지식론의 관점에서 이 같은 사고방식은 인간의 독특한 개괄(일반화) 능력의 발현이라고 말할 수 있습니다.

우리가 무언가를 두고 보편적이라고 말한다면 동질성을 가지고 있다는 뜻일 것입니다. 달리 말해 같은 성질을 지니고 있을 때

일반화할 수 있습니다.

예를 하나 들어보죠. 유치원에 다니는 꼬마 한 명을 알고 있습니다. 아주 똑똑한 친구입니다. 어느 날 이 꼬마에게 누군가가 문제를 냈습니다. 말 한 마리와 소 한 마리를 더하면 무엇이냐고요. 꼬마는 한참을 고민하다가 이렇게 대답했습니다. 밭을 갈 수 있는 동물이라고요. 참으로 현명하면서도 정확한 답변 아닙니까. 인간은 아주 어렸을 때부터 일반화 능력을 발휘할 수 있나 봅니다.

일반화라는 것은 셀 수 없이 많이 존재하는 다양성 가운데서 공통적인 요소를 찾아내는 것입니다. 이질적인 것들을 하나씩 치워가면서 공통적인 요소라는 답을 찾아가는 과정인 셈이죠. 이러한 개괄 능력이 유치원 꼬마에게만 있는 것은 아닐 것입니다. 어른들 역시 종종 이 꼬마와 같은 사고방식으로 우리가 사는 세계를 해석합니다.

예를 하나 더 들어보겠습니다. 중국인 한 명과 한국인 한 명이 아주 가까워졌다고 해봅시다. 두 사람을 보며 누군가는 이렇게 생각할 수도 있습니다. 두 사람이 어떤 보편성을 가지고 있어서 그게 두 사람을 하나로 묶어주었다고 말입니다. 하지만 이때의 보편성이란 과연 두 사람의 개성을 솎아내고 어떤 동일한 측면만 남겨놓은 개념일까요?

서구 열강 기준의 보편성이 야기한 함정

여러분은 이러한 고민을 해보셨나요? 학술계에서나 일상생활 속에서 우리는 종종 이러한 사고방식으로 작게는 일상을, 크게는 국제적인 정치 이슈를 해석하곤 합니다. 그렇기에 이 과정에서 역사의 문제가 불거지곤 하죠. 우리 아시아인과 직접적으로 관련된 역사성의 문제 말입니다.

여러분도 잘 아시다시피 보편성이라는 모델을 가지고서 다양성을 거론할 때 빚어지는 문제는 비단 지식계의 인식론에만 국한되어 있지 않습니다. 역사의 발전 과정에서도 같은 문제가 발생합니다.

앞서 언급했던 미술관의 사례로 돌아가 본다면, 아시아의 큐레이터들이 아시아 각지의 각기 다른 문명을 아우를 방법이 없다고 하자 유럽과 미국의 큐레이터들이 근대성을 끌어들이면 된다고 말한 장면에서도 이러한 사고방식은 고스란히 드러납니다.

서양은 19세기부터 아시아를 비롯한 전 세계를 향해 경제적인 확장을 거듭해왔습니다. 그리고 정치적인 패권 과정이나 문화적 확장 과정 등의 역사 과정에서 이러한 사고방식이 두드러졌습니다. 그 사실을 염두에 둔다면 보편성의 추구를 일원화로 간주하는 사고방식은 근대화 이후 열강이 패권을 추구하던 시기와 잠재적 관련성을 갖는다고 말할 수 있겠죠.

물론 제가 다양성 속에서 동질적인 요소를 뽑아내는 식의 보편성에 관한 인식론을 완전히 부정하는 것은 아닙니다. 제가 강조하고 싶은 것은 이러한 인식론은 인간의 인식 과정에서 초기 단계의 산물이며 비교적 쉬운 방식이라는 점, 그리고 근대 이후 서양이 전 세계로 확장하는 과정에서 이러한 인식론이 교묘하게 이용되었다는 사실입니다.

구체적인 예를 들어보겠습니다. 여러분에게도 매우 익숙한 사례일 것입니다.

제2차 세계대전이 끝난 뒤 냉전의 이데올로기가 형성되었습니다. 자본주의 국가로 대표되는 미국과 사회주의 국가로 대표되는 소련에 의한 냉전 체제였지요.

그때 우리 아시아인들은 이러한 물음을 갖고 있었습니다. '보편적인 사회 정치의 원리는 어떤 형태일까?' 즉 '하나의 국가 내지 사회는 어떤 상태일 때 가장 이상적인 모습인가'라는 물음이었습니다.

그리고 이 물음은 '서유럽이나 미국과 유사한 민주주의 선거 제도를 갖춰야 가장 이상적인 것이 아닐까?' 혹은 '인권 보호가 바람직한 사회인지를 가늠하는 첫 번째 지표가 되어야 하지 않을까?'라는 발상으로 이어졌습니다.

이 기준에서 보자면 아시아에 있는 많은 나라는 그 기준에 못 미칩니다. 동아시아만 놓고 보더라도 중국 역시 아직 이 기준에 이르지 못하고 있습니다. 서아시아와 이슬람 국가들은 여러분도 잘 아시다시피 여전히 공공연하게 인권을 침해하고 있습니다. 그렇다면 이러한 현상을 어떻게 바라보아야 할까요.

이상적인 사회는 과연 가능한가?

현재 지식계에서는 눈에 띄는 저항이 일어나고 있습니다. 이는 서방의 선진국들이 만들어낸 냉전 이데올로기이니 여기에서 벗어나 우리는 우리의 길을 가야 한다는 것입니다. 중국에는 정부부터 민간에 이르기까지 이렇게 생각하는 사람들이 많습니다.

하지만 이러한 사고방식은 우리가 무언가를 분석할 때 발생하는 근본적인 문제를 해결해주지는 못합니다. 왜냐하면 이러한 주장을 하는 사람들은 인식론의 측면에서 냉전 이데올로기와 같은 틀을 취하고 있기 때문입니다.

즉 우리가 완벽한 구조를 가지고 있다면 우리는 외부 세계와 거리를 둘 수 있으며, 그렇게 할 때 우리 자신의 특수성을 유지할 수 있다고 생각하는 것입니다.

하지만 우리의 우수한 특수성을 유지한다고 해서 '이상적인 사회'를 만들 수 있을까요? 우리가 만약 일원화된 역사적 보편성의 개념을 객관적이고 냉정하게 분석한다면, 진정한 문제는 누구의 것이 보편적인가, 어디서 배워올 것인가라기보다 민주주의와 자유, 인권과 같은 이른바 보편적인 개념을 다른 나라와 사회에 그대로 적용하는 데 있습니다.

여기서 보편성이라는 개념의 왜곡에 대해 생각해보기로 합시다. 보편성을 다양한 특수성을 아우르는 가치라고 상정한다면 그가치는 무척 추상적일 것입니다. 고도의 추상적인 가치여야만 비로소 각기 다른 특수성 속에서도 그것을 운용할 수 있기 때문입니다. 하지만 동시에 문제가 생깁니다. 고도의 추상적인 가치는 구체적인 내용을 갖지 않습니다.

예를 들어 우리가 민주주의에 대해 토론할 때 많은 중국인은 지금까지도 미국의 민주주주의가 인류의 민주주의 제도에서 으뜸이라고 말합니다.

얼마 전 있었던 미국 대선은 매우 흥미진진하게 흘러갔습니다. 물론 지금은 상황이 얼마간 바뀌기는 했죠. 인식론적 관점에서 이 대목을 살펴보아야 보편성에 관한 문제를 보다 제대로 파악할 수 있습니다.

기왕 거론된 민주주의를 예로 들어봅시다. 모든 나라의 민주주의 형태는 제각각입니다. 민주주의는 국민이 국가의 정치 제도를 직접 결정한다는 의미입니다. 그렇다면 한국과 미국의 민주주의가 같을까요? 일본의 민주주의는 어떤가요? 영국과는 같나요? 인도의 민주주의는 또 어떤가요?

모든 나라의 민주주의 형태는 각각 다를 수밖에 없습니다. 결국 추상적인 민주주의는 문제를 분석하는 데 그다지 유용하지 않습니다.

우리가 떠올리는 민주주의는 추상적인 개념이 아니라 다른 개념을 빌려 구체적인 형태로 나타난 대상입니다. 정확히 말하자면 그 대상은 미국의 민주주의겠지요. 우리는 미국의 민주주의 형태를 보편적인 민주주의 모델로 생각해왔습니다. 그런데 당연히도 그 모델이 어울리지 않는 나라가 많습니다.

아직도 중국을 제외한 동북아 지역에서는 중국 사회를 민주주의가 가장 결핍된 독재 국가로 바라봅니다. 여러분 가운데도 그렇게 생각하는 분들이 있을 것입니다. 당연한 일이라고 생각합니다. 중국 같은 정치 모델은 다른 데서는 찾아볼 수 없기 때문입니다. 중국의 사회 구조나 정치 운영의 메커니즘은 미국과는 판이합니다.

　그렇다면 그러한 나라의 민중들은 국가 정치에 참여할 수 없는 것일까요? 정치에 참여하는 경로는 다양합니다. 선거나 집회 시위만 있는 것이 아닙니다. 인권 문제도 마찬가지입니다. 요즘 토론의 주제를 둘러보면 인권만큼 모호한 개념도 드물다는 생각이 듭니다. 즉 추상적인 인권 개념은 있더라도 사회마다 인권의 의미가 달라지는 것입니다.

일원론적 세계관에 대한 의문

그렇다면 이 같은 오늘날의 상황에서 우리가 일원론적으로 세계를 바라보는 것이 과연 타당할까요? 저는 이러한 의문을 갖지 않을 수 없었습니다. 이 의문에 관해서는 중국의 사례를 들어보겠습니다.

　한국에서 바라볼 때 중국은 무척 이해하기 어려운 나라일 것입니다. 민족 구성이 매우 복잡하기 때문입니다. 인구도 많고 사회적 변동 폭 또한 크다는 특수성을 감안하건대, 중국은 한국과 같은 민주주의나 법 체제 등의 정치적 모델이 실현되기 어렵습니다.

　그렇다고 제가 중국의 정치 현황을 변호한다고 오해하지는 말

아주시기 바랍니다. 오히려 묻고 싶습니다. 역사적으로 보더라도 이제 우리 역시 기존의 사고방식을 얼마간 바꿔야 하지 않을까요? 현행 민주주의 제도가 전 세계적으로 좌절 등의 다양한 위기를 맞고 있지 않습니까? 위기의 내용은 다르지만 그 속성은 닮아 있습니다. 어떤 형태의 민주주의 제도도 국민 전체의 행복을 보장해주지 못하고 있습니다.

역시 중국의 사례를 들어 설명해보겠습니다. 중국의 정치를 어떻게 이해해야 할까요? 대체로 중국의 정치 제도 문제를 다룰 때 우선적으로 언급하는 것이 있습니다. 중국은 일당 독재정치 아닌가, 야당이 없는 것 아닌가, 선거 제도가 없어서 미국처럼 정권 교체는 할 수 없는 체제이지 않은가라는 것입니다.

이러한 기준으로 중국을 본다면 당연히 중국은 부족합니다. 없는 것이 많습니다. 하지만 중국인에게는 사회 문제를 해결하는 나름의 방식이 있습니다. 한국인이 쉽게 이해할 수 있는 사례를 들어보겠습니다.

예를 들어 지금 중국에서 집회 시위를 하려면 사전 허가를 받아야 하는데 사실상 허가가 거의 나지 않습니다. 그렇기에 한국처럼 대규모 집회를 통해 대통령 하야를 요구한다는 것이 중국에서는 있을 수 없는 일입니다. 하지만 그렇다고 중국의 민중이 사회적

발언을 하지 않는 것은 아닙니다. 민중이 사회적 문제를 해결할 방법이 없는 것도 아닙니다.

2007년 중국의 미디어를 통해 '산보원년散步元年'이라는 말이 확산된 적이 있습니다. 그해부터 중국의 여러 대도시에서 민중들이 도시 문제 해결을 위해 '산보시위'＊를 벌이기 시작한 데서 생겨난 말입니다.

중국에서는 지역의 기업들이 환경을 오염시키거나 소음이 심각한 고속철도를 건설하는 문제로 피해를 준다거나 부패한 관료 탓에 비정상적이거나 불평등한 일이 벌어지곤 합니다.

산보시위는 중국인들이 이러한 문제에 대처한 여러 가지 방법들 중 최근에 두각을 보인 것으로 '집회 시위 불허'라는 한계에서 등장한 다른 형태의 시위이나 지방 정부를 압박할 만한 충분한 힘을 보여주고 있습니다.

2007년 샤먼에서는 대형 화학 공장 건설 반대를 위한 대규모의 산보 시위가 있었습니다. 이를 계기로 2007년이 샤먼의 산보

＊ 인터넷 메신저나 문자 메시지를 통해 모인 다수의 대중들이 구호나 플래카드 없이 산보를 통해 의견을 전달하는 평화적 시위를 말한다.

시위의 시작을 알리는 상징적인 해로 기록된 것입니다. 그로 인해 샤먼에 건설하기로 했던 화학 공장의 준공이 미뤄졌고, 그러다가 결국 취소되었습니다. 이처럼 중국의 민중들도 사회 문제를 자체적으로 해결하고 있습니다.

항저우에서는 2009년에 한 대학 졸업생이 부유층 자제의 승용차에 치여 사망한 사건이 있었습니다. 그런데 가해자가 하룻밤 만에 석방되는 어처구니없는 일이 벌어졌습니다. 위법 사실이 분명했는데도 말입니다. 이러한 일들이 중국 사회에서 끊임없이 일어나고 있습니다.

항저우에서 일어난 이 사건은 오늘날 중국의 정치, 권력 부패와 직결된 문제입니다. 당시 1만 명에 가까운 항저우 시민들은 촛불을 들고 희생자를 추모하기 위해 거리에 모였습니다. 이들이 정부 관련 부처에 압력을 가했고, 결국 교통사고 가해자는 수감되었습니다.

전 세계의 민주주의 제도 국가들의 유권자가 실제로 바라는 것은 정치적 권리라기보다 공평한 사회생활과 개인의 경제적 이득일 것입니다. 이러한 관점에서 중국 사회도 나름의 방식으로 상응하는 문제를 해결하고 있다고 생각합니다.

다만 왜 중국은 한국과 같은 민주주의 정치 제도가 수립되지

않았는가, 어째서 미국과 같은 다당제 선거가 없는가 하는 문제에
답하기 위해서는 중국의 오랜 역사와 전통 그리고 중국 사회의 기
본 구조를 분석하는 과정이 필요합니다.

중국에서 민주나 자유는 핵심 문제가 아닙니다. 가장 중요한
것은 민생과 평등의 문제입니다. 그리고 중국의 인민은 각기 다양
한 방식으로 자신들의 문제를 해결하고 있습니다. 때에 따라 중국
정부는 민중이 관련된 사건을 근거로 민중의 바람에 조응하며 일
련의 해결책을 만들기도 합니다.

다양한 대상 속에서 연관성 찾는 법

앞선 사례들을 정리해 말하자면 단일한 모델로 다른 사회를 판단
할 수는 없으며, 어쩌면 기준이 되는 그 모델 역시 특수한 것일 수
있다는 것입니다. 여기서 조금 더 사고를 전개해보기로 하죠.

일원화된 사고방식으로 어떤 문제를 바라보는 것이 부적절하
다면, 어떤 식으로 우리의 판단에 도움이 되는 인식론을 수립해야
할까요? 또한 직접적인 비교가 불가능한 대상들 사이에서 어떻게
연관성을 찾아낼 수 있을까요?

저는 우리 아시아의 역사로부터 진정한 의미의 다원적인 답을

구할 수 있지 않을까 생각합니다. 외부 패권에 의해 형성된 보편성이 아니라 아시아의 전통을 바탕으로 다른 형태의 보편성을 수립하자는 것입니다. 어떻게 보면 이쪽이 더욱 복잡한 보편성일 수도 있습니다.

다만 이 자리에서는 이러한 보편성에 관한 학술적인 논설은 생략하고 요점만 간단히 말하겠습니다.

저는 우리 아시아인이 새로운 보편성을 창조하는 능력이 탁월하다고 생각합니다. 중국 현대 철학의 거장인 천자잉陳嘉映*의 말을 빌리자면, 이러한 새로운 보편성은 높은 곳이 아닌 낮은 곳에 위치하며, 평행 이동하는 보편성이라고 할 수 있습니다.

대부분의 사람들, 특히 서양인들에게 익숙한 사고방식 중 하나가 보편성은 개별성의 상위에 있으며 보편성이 개별성보다 높은 가치를 지닌다는 것입니다.

하지만 아시아인들은 보편성이 개별성보다 위에 있다고 여기지 않습니다. 대개의 아시아인들은 무조건적인 보편적 가치가 아니라 진정한 보편적 가치를 더욱 중시합니다. 그 보편성은 다양한 특수성 사이에서 찾아야 합니다. 그리고 그것을 특수성 위에 두어서도 안 됩니다. 다시 말해 보편성을 최상위 가치로 생각하는 사고방식을 뒤집을 필요가 있습니다.

그런데 보편성이 최상위에 있는 것이 아니라 개별성 사이에 존재한다면, 이러한 보편성의 기능은 무엇일까요? 우선 각기 다른 특수성 사이에서 상호 이해를 도모하는 것입니다. 상호 이해란 각자의 특수성을 보완하기 위한 것이지 특수성을 훼손하는 것이 아닙니다.

가령 한국인은 중국인과의 상호 이해를 통해 한국 문화의 특수성과 자주성을 지켜나가는 동시에 중국 문화의 특수성과 자주성을 인정할 수 있을 것입니다.

그런데 다른 종류의 특수성을 직접 비교할 수 있는 방법은 없습니다. 그러한 식의 비교는 사실상 불가능합니다. 그저 인류의 초기 단계에서 생겨나는 기존의 보편성으로나 그와 같은 비교가 가능할 것입니다. 근본적인 동질성을 기준에 두어야만 두 문화의 동

- 1952~ , 수도사범대학교 외국철학과 전임교수 및 특별 초빙교수로, 중국에서 '철학자라는 이름에 가장 가까운 인물'이라는 평가를 받고 있다. 베이징대학교에서 독일어와 서양철학을 전공했고, 미국 펜실베이니아 주립대학교에서 '명칭론'으로 철학 박사학위를 받았다. 베이징대학교 교수, 상하이 화동사범대학교 철학과에 종신교수로 재직했다. 「하이데거 철학 개론(海德格爾哲學概論)」 「언어철학(語言哲學)」 「여행자의 편지(旅行人信札)」 등을 저술했으며, 「존재와 시간」 「철학탐구」 등 하이데거와 비트겐슈타인 번역으로도 명성이 높다.

질성을 이야기할 수 있을 테니까요.

하지만 이러한 비교는 단일화된 역사관에 근거하고 있습니다. 반대로 다원화된 보편성의 역량은 매개체의 기능이 전부입니다. 우리는 흔히 문화상대주의가 위험하다고 말합니다. '우리 문화는 독특한데 타 문화는 이해하지 못하겠다'라는 식의 사고를 바로 위험한 문화상대주의라고 할 수 있습니다.

따라서 우리에게는 다양한 독특성을 수용할 수 있는 매개체가 필요한데, 그 매개체란 바로 제가 말했던 평행 이동하는 보편성입니다. 평행 이동의 보편성이라는 것은 유사한 방식으로 두 문화의 교차점을 살피는 것입니다.

물론 그렇게 할 수 있는 부분은 무척 제한적입니다. 번역을 예로 들어보죠. 그 어떤 번역도 외국 어휘의 개념을 완벽히 구현할 수는 없습니다. 비슷한 부분도 있지만 다른 부분도 존재하기 때문입니다. 그래서 그러한 교차점을 보편성으로 본다면 그것은 완벽할 수도 없고, 개념 자체가 성립될 수도 없습니다.

따라서 보편성이 의미를 가지려면 특수한 상황을 밑바탕에 두어야 합니다. 결국 기존의 보편성에 대한 이해를 뒤집어야 하는 것이지요.

보편성이란 우리가 도달해야 할 최종 목적지가 아니라 자신을 개방하는 데 필요한 매개체일 뿐입니다. 보편성은 몹시 소중하지만 특수성의 상위에 있는 개념이 아닙니다. 우리가 추구해야 할 것은 결국 특수성을 살리고 발전시키는 일입니다.

인류의 행복은 풍토성을 지닌다

그렇다면 특수성의 충분한 발전이라는 것은 어떤 상태를 가리키는 것일까요?

일본의 다이쇼, 쇼와 시기의 철학자이자 윤리학자 와쓰지 데쓰로和辻哲郎*의 이야기를 예로 들어 설명해보겠습니다. 그는 『풍토風土』라는 자신의 책에서 이렇게 말합니다.

인류의 행복은 모두 풍토성을 지닌다.

---

* 1889~1960, 동서고금의 문화와 사상에 대해 논하고 독자적인 윤리학 체계를 구축한 철학자로, 도쿄제국대학 철학과 졸업 후 교토제국대학 및 도쿄제국대학 교수로 재직했다. 문헌을 비롯한 과거의 문학적 유산에 담긴 정신을 주도면밀하게 독해 및 관찰해 배후의 의미나 정신을 순식간에 파악하는 데 뛰어났다. 다수의 저서 중 『고사순례』, 『일본고대문화』, 『풍토』, 『윤리학』, 『쇄국』 등이 유명하다.

말하자면 한국이라는 땅에서 한국인이 느끼는 행복감을 중국인이나 일본인 혹은 타국 사람이 똑같이 느낄 수는 없다는 것입니다. 반대의 경우도 마찬가지고요. 행복은 풍토성을 띠기에 인류의 행복은 다양하다는 이야기입니다. 와쓰지 데쓰로는 유럽을 비판하면서 이러한 말도 했습니다.

유럽은 자신들의 행복이 진짜 행복이라고 여겨 전 세계가 그것을 따라야 한다고 주장한다.

유감스럽게도 이러한 일이 실제로 일어났습니다. 언젠가 한 일본인이 제게 묻더군요.

"당신네 중국인들은 모두 자동차를 갖고 싶어 하는데 10억이 넘는 인구가 자동차를 몰고 다니면 지구에 휘발유가 고갈되지 않을까요? 중국인들이 자동차를 몰지 못하게 할 수는 없을까요?"

무척 흥미로운 이 질문에 제가 뭐라고 답했을까요? 일리 있는 말이긴 하지만 중국에서 직접 그러한 말은 못 하겠다고 말했습니다. 미국인들도 너무나 많은 휘발유를 썼고, 일본인도 자동차를 엄청나게 많이 보유하고 있으니까요. 그래서 일본인들이 자동차를 전부 바다에 버린다면 나도 중국인들에게 차를 몰지 말라고 말하겠다고 했습니다. 그러면서 모두가 자동차를 가져야만 현대화된 사회라고 광고한 것은 당신들 쪽 아니냐고 반문했습니다.

행복은 풍토성을 띤다는 사실을 인정하고 수긍했다면 오늘날 지구가 이렇게 되지는 않았을 것입니다. 우리는 모두 선진국에게 배워 그 현대화된 모델을 좇고 있습니다.

최근 중국의 대기오염 문제가 서울에까지 영향을 미치고 있는데, 이것이 단순히 중국 사회만의 책임일까요? 행복의 풍토성을 조금만 더 일찍 알았더라면, 현대화의 위해성을 조금만 더 일찍 직시했더라면 우리 사회의 모습이 조금 더 다양해지고 문제가 덜 심각해지지 않았을까요?

진짜 책임의 소재를 가리자면, 그 책임은 전 세계가 같은 생활방식을 추구하게 만든 자본에 있다고 보아야 할 것입니다. 바로 자본주의입니다.

다국적 자본주의 기업들은 그동안 계속해서 단일한 생활방식을 밀어붙였습니다. 이른바 경제의 세계화를 추진하는 동시에 의도적으로 여러 단어를 써가며 구획하고 있습니다. 그러한 구획 세분화는 요즘 통용되는 말을 빌리자면 진보, 낙후, 발달, 미개 등입니다. 그러한 등급화를 통해 자본이 세계를 약탈하고 잠식하고 있습니다.

한국의 유명한 사상가인 백낙청 선생의 이야기를 예로 들어보 겠습니다. 아마 여러분이 저보다 더 잘 아시겠지만 저는 백낙청 선 생의 책을 읽으며 큰 시사점을 얻었습니다. 그는 자본의 세계화는 모든 장애물을 걷어내 전 인류를 연결하는 것이 아니라 구획을 만 들어내며, 또한 지금의 한반도에서 가장 시급한 문제는 반쪽짜리 두 개 국가 간의 단절 문제라고 말합니다.

그는 분단 체제라는 용어로 이 상황을 포착합니다. 한반도의 분단 체제는 남북의 정권이 서로 이득을 얻기 위한 수단으로 전락 했기에 분단 체제가 여전히 공고하다는 것입니다. 그는 날카롭게 제안합니다.

분단 문제의 해결책은 직접적인 통일이 아니라 구획과 단절을 없애는 것이며, 그 구체적인 방식은 바로 남북 양국 민중 간의 진 정한 연대 형성이라는 것입니다.

이러한 민중 간의 연대를 가장 꺼리는 것이 바로 글로벌 자본 입니다. 그런데 여러분도 아시다시피 세계 여러 나라와 그 나라의 국민은 이러한 글로벌 자본과 공모 관계를 맺고 있습니다. 구획 해 제를 전제로 글로벌 자본을 무너뜨리기 위해서는 민중을 중심으로 한 글로벌화가 필요합니다. 즉 아래로부터 위로 가는 연대관계 말 입니다.

백낙청 선생은 여기서 제3세계에 대한 인식 전환의 필요성을 주창합니다. 전 세계의 민중들이 구획에서 벗어나 진정한 연대를 이뤄내야 한다는 것입니다.

저는 백낙청 선생의 이 주장이 무척 중요한 견해라고 생각합니다. 그래서 저는 중국의 지식계와 사회에서 꾸준히 백낙청 선생의 이 주장을 거론하고 있습니다. 자본으로 나뉜 동북아의 현 상태에서 백낙청 선생의 주장은 시사점이 아주 크다고 생각합니다.

평행 이동의 보편성 ─ 운명 공동체

그렇다면 중국에서 민중들의 연대를 이끄는 구체적인 역량은 무엇일까요?

2016년 중국 저장성 우전에서 제3차 세계인터넷컨퍼런스WIC, World Internet Conference ˙가 열렸습니다. 시진핑 주석은 이 대회에 축전을 보내며 이렇게 말했습니다.

▪ 세계 각국의 정보 통신 기술 리더들이 참여하는 중국 최대의 IT 국제 회의로, 중국이 인터넷 강국으로서의 위상을 높이기 위해 2014년에 처음 개최했다.

인터넷의 발전으로 국가 간의 경계가 사라지고 있습니다. 그렇기 때문에 우리는 인터넷 공간에서 운명 공동체를 함께 구축해야 합니다.

실체적인 공간이 아닌 인터넷이라는 사이버 공간에서 인류가 어떻게 새로운 세계를 건설할 수 있을지를 함께 모색해야 한다는 뜻입니다.

또한 시진핑 주석은 운명 공동체를 언급하며 이를 평등과 존중, 혁신과 발전, 개방과 공유, 안전하고 질서 있는 세계를 만들기 위한 방편으로 삼아야 한다고 강조했습니다.

요즘 중국 사회에서 영향력이 큰 IT 업계의 유명인사가 있습니다. 중국에서 개인 자산이 가장 많은 인물이며, 최근 몇 년간 세계에서도 손꼽히는 거부로 선정된 전 세계적인 인터넷 기업 알리바바의 회장 마윈马云*입니다.

사실 알리바바는 중국에서 좋지 않은 현상을 초래하기도 했습니다. 2016년 11월 11일 솔로데이에도 엄청난 쇼핑의 행렬이 있었습니다.

중국 인터넷 용어 가운데 이러한 두 가지 말이 있습니다. 저도 최근에야 그 의미를 알았습니다. 하나는 "쇼핑의 유혹을 참기 위해

손을 자른다"는 뜻의 '두어서우당殺手堂'이고, 또 하나는 쇼핑을 광적으로 하다 보니 밥 먹을 돈조차 없어 "흙을 먹어야 한다"는 의미에서 생겨난 '츠투喫土'입니다. 중국에는 '츠투'로 불리는 젊은이들이 아주 많습니다.

그러다 보니 마윈을 비판하는 사람들도 많아진 것이 사실입니다. 쇼핑 때문에 빈털터리가 되었다면서 말입니다. 물론 이런 비판은 자제력을 잃고 쇼핑 중독에 빠진 사람들의 억지스러운 핑계이기도 합니다. 내키는 대로 쇼핑을 하면서 돈이 남아 있기를 바랄 수 있나요? 알리바바가 쇼핑을 강요한 것도 아니고 스스로 선택한 일이니 말입니다.

다시 본론으로 돌아와 제가 하고 싶은 말은, 마윈이 알리바바라는 플랫폼을 통해 새로운 연대의 이념을 제시했다는 것입니다. 마윈은 이렇게 말합니다. 인터넷은 경계도 국경도 없기 때문에 인류 모두의 것이라고요.

알리바바는 중소기업들이 창업의 꿈을 실현할 수 있도록 애쓰

• 1964~, 아시아 최대의 자산가이자 중국 최대 전자 상거래 업체 알리바바 그룹의 창시자이자 회장이다.

고 있습니다. 중국의 IT 업체들은 대다수가 다국적 기업을 겨냥하고 있지만 마윈은 중국의 중소기업들이 자신의 인터넷 플랫폼을 통해 성장하도록 돕는 경영 전략을 세우고 있습니다. 물론 알리바바도 이를 통해 이윤을 얻습니다.

알리바바는 다양한 언어를 구사하는 세계 각지의 직원을 고용하고 있으며, 그 덕에 세계화된 다국적 기업으로 성장했습니다. 솔로데이에는 외국에 있는 사람들도 엄청난 인터넷 쇼핑에 동참했다죠.

마윈은 그러한 의미에서 앞으로 중국에서 등장할 수도 있는 운명 공동체의 모습을 미리 보여준 인물이기도 합니다. 운명 공동체는 제가 주장하고자 하는 평행 이동의 보편성입니다. 기업이나 산업이 국경과 경계를 지운다는 것은 모두에게 개방하겠다는 의미이지 모두를 독점하겠다는 뜻은 아니기 때문입니다.

오늘날 모든 사람을 상대로 하는 기업과 산업의 독점은 불가능합니다. 앞으로는 더더욱 그럴 것입니다. 미국은 그러한 시도를 하다가 결국 실패를 맛보았습니다.

우리의 유일한 선택은 개방 그리고 타인과의 연대 추구입니다. 그 연대는 특수성과 개별성을 제거하는 것이 아니라 다양한 특수성을 충분히 살리도록 노력하는 것입니다. 결국 진정한 보편성이란 서로 다른 특수성을 연계하는 매개체라고 생각합니다. 이러한 매개체를 통해 특정한 지역이나 나라가 아닌 인류 전체에 행복을 전파하는 것입니다.

저는 민중의 역량을 믿습니다. 인터넷을 비롯한 교류의 장은 셀 수 없이 많고 다양합니다. 우리는 스스로를 개방하고 서로가 함께 발전할 수 있는 공간을 만들어낼 때 비로소 인류가 평등하고 자유롭다고 말할 수 있을 것입니다.

KI 신서 7146

지속 가능한 미래

1판 1쇄 인쇄 2017년 9월 15일
1판 1쇄 발행 2017년 9월 22일

지은이 김우창, 뚜웨이밍, 메리 에블린 터커, 슬라보예 지젝, 쑨거, 어빈 라슬로
공편 재단법인 플라톤 아카데미
펴낸이 김영곤 **펴낸곳** (주)북이십일 21세기북스
검토 노영찬 윤여일 이택광

정보개발본부장 정지은 **인문기획팀장** 장보라 **책임편집** 김찬성
디자인 씨디자인: 조혁준 함지은 김하얀 이수빈
출판영업팀 이경희 이은혜 권오권 홍태형
출판마케팅팀 김홍선 최성환 배상현 신혜진 김선영 박수미 나은경
홍보기획팀 이혜연 최수아 김미임 박혜림 문소라 전효은 백세희 김세영
제작팀장 이영민

출판등록 2000년 5월 6일 제406-2003-061호
주소 (10881) 경기도 파주시 회동길 201(문발동)
대표전화 031-955-2100 **팩스** 031-955-2151 **이메일** book21@book21.co.kr

(주)북이십일 경계를 허무는 콘텐츠 리더

21세기북스 채널에서 도서 정보와 다양한 영상자료, 이벤트를 만나세요!
장강명, 요조가 진행하는 팟캐스트 말랑한 책수다 '책, 이게 뭐라고'
페이스북 facebook.com/21cbooks **블로그** b.book21.com
인스타그램 instagram.com/21cbooks **홈페이지** www.book21.com

ISBN 978-89-509-7193-9 03100